GUIDE

專文導讀

翁嘉聲｜成功大學歷史學系專任教授

傑利・透納的《古羅馬惡行錄》是繼《如何豢養一隻奴隸》及《立志做一個高貴的羅馬人》後，以專業但輕鬆的方式來介紹古羅馬社會的不同面向。《古羅馬惡行錄》強調的是被羅馬人歸為*infamia*（惡名）的犯罪行為。這三本書都預設古羅馬史的一項基本命題：人如何生存、如何待人及被對待，端賴其法律定位，因此這三本書都涉及羅馬法，尤以《古羅馬惡行錄》為甚。

羅馬法是古羅馬人留給西方社會及世界文明最重要的文化資產之一。時至今日，南非及蘇格蘭仍在某種程度上使用羅馬法。但羅馬法是什麼？要如何運用這些法律史料來瞭解古羅馬？以下將從歷史觀點來簡略介紹羅馬法及其特色，以及如何透過它來瞭解羅馬社會。最

後則是有關*infamia*這個字在羅馬法的含意及翻譯。

羅馬法極簡介

從法律史來看，羅馬人把西元約前四五〇年公布〈十二表法〉當做他們*ius civile*（常譯為「民法」，civil law）的起點。*ius civile*嚴格來說，指的是適用於羅馬市民的法律，包括我們民法及刑法涵蓋的大部分範圍，相對於有關宗教祭祀的神聖法（*ius sacrum*）。羅馬法歷史終點則是查士丁尼（Justinian I，五二七～六五六年在位）在五二八～五三四年彙整、公布舊、新《查士丁尼法典》（*Codex Justinianus*），《法學彙纂》（*Digesta*）和《法學入門》（*Institutes*或*Institutions*），集羅馬法大成。羅馬法特別強調程序創造正義，而在實質內容上強調私法，特別是財產（包括人身）之取得擁有、保全使用、交易及繼承，範圍十分廣泛，幾乎涵蓋透納《惡行錄》中所有的「惡行」。因為是私法，相關法律權益必須由當事人自己爭取。私法在《查士丁尼法典》條文中佔多數，而《法學彙纂》五十冊中，九成以上集中在私法上。

羅馬法若以階段論，大致分為早期共和原始階段、中晚期共和成型階段（前兩者約以

前三〇〇年為界）、帝國元首政治時期（Principate，前二七～二三五年）的古典時期，以及從君士坦丁一世（三〇六～三三七年在位）以降的晚期帝國後古典時期。早期階段特別強調法律形式：任何法律行為及訴訟都必須以種類有限、形式嚴格的陳述方式來提出主張（*legis actio*，「法律行動」），否則無效。貴族因為掌握箇中秘訣，常用之來壓迫平民，因此司法常是政治改革項目之一。隨著政治發展和羅馬勢力範圍擴大，開始包括非羅馬人，羅馬於是設置專責的法務官員，如前三六七年的羅馬法務官（*praetor urbi*）及前二四二年的外國人法務官（*praetor peregrini*）；他們「為了公共利益，會支持、補足以及更正*ius civile*」（*Digest* 1.1.7.1），維護羅馬轄下人民的權益，有時甚至會就個別狀況創造新的訴訟陳述方式（*formulae*），明確定義訴訟雙方爭議範圍（*litis contestatio*），確認雙方同意的仲裁者（*iudex*），來解決紛爭。法務官每年就職時會宣示尊重前例，並公告施政方針；這些累積起來，形成新的法源，稱為「官員法律」（*ius honorarium*）。

法務官嚴格來說並非法官，而是提供司法資源給訴訟者解決爭端的官員。另外，仲裁者是訴訟雙方都同意而任命的，對裁決結果因此不得上訴。這情形像是法律人類學的「糾紛解決」（dispute settlement），常發生在較小的社會中。此外，羅馬共和史裡的各種市民大會，也可通過法律（無論是*lex*或*plebiscitum*）；「元老院建議」（*senatus consultum*）因為

深受官員重視遵守，也成為法律。但這兩類型機構產生的法律常與政治，特別是憲政議題有關；即使通過我們所認知的刑法，也多集中在與貴族政客有關，如賄選、貪汙、叛國等。羅馬法切割公領域及私領域的方式，與在自由主義傳統生活的我們所具有的認知是有些不同。因此，例如說，傷害罪在羅馬法是被理解為對財物（包括人）的毀損，因此需要賠償，屬於私法，而不是我們的公訴罪。何況羅馬也沒有類似公訴檢察官的人來執行公權力。這些傷害都是要自力救濟，由受害人訴諸法律資源來平反補正。

進入元首政治時期後，集大權於一身的皇帝以共和時代官員為本，繼續發佈命令、下達指示、回覆徵詢，進而針對案件扮演法官角色。因此除了上述*legis actio*及*litis contestatio*的司法程序外，官員在獲皇帝授權後，會主持訴訟及其他法律行為。這稱為*cognitio extra ordinum*或*cognito extraordinaria*（程序之外的調查），而且越來越普遍，取代之前共和時期常用的程序。訴訟不再是在法務官監督訴訟雙方進行仲裁，而是由原告提出控告，由獲授權官員進行案件調查（*cognitio*），進行判決。在這情形下，訴訟人可針對判決結果來上訴到任命官員的人——皇帝；因此上訴成為司法體制的一部份。《古羅馬惡行錄》提及訴訟耗時耗錢、不公不便以及如入迷宮之中，找不到出口；到晚期羅馬訴訟更成為普通百姓的夢魘。

在羅馬法律發展上，哈德連（Hadrian，一一七～一三八年在位）扮演關鍵角色。他下令法學家Julian整理之前所有裁決及法律，變成皇帝的法令（*constitutio*），具有正式法律效力。皇帝從此正式成為最重要、甚至是唯一的法源。哈德連改革中央行政，雇用有法學素養的騎士階級（*equites*）擔任官員，吸引人才從事法律，並組織由有法學專家在內的顧問團（*consilia principis*），提供建議。皇帝設有專責官員來處理陳情及上訴等業務，可以透過諭令（*edicata*）、政令（*decreta*）、訓示（*mandata*）、回函詔書（*rescripta*），或在訴狀批注御見（*subscriptones*）等方式來形成法令。最著名的莫過於卡拉卡拉（Caracalla，二一一～二一七年單獨在位）在二一二年宣布「安東奈納斯法」（*Constitutio Antoniana*），下令帝國境內所有自由人皆為羅馬公民。這新的情形更需要完整的法律系統來規範，而元首政治時期也正是法學家（jurists）論述最旺盛的階段，人才輩出，百家爭鳴。哈德連指定傑出法學家針對法律疑點提出解釋（*responsa prudentium*），凸顯法學家的崇高地位。法學家也能位居高津，如《法學彙纂》中常出現的幾個名字，如Papinian、Ulpian及Paul等，都在稍後的塞維魯王朝（Severan Dynasty，一九三～二三五年）擔任要職，甚至位居形同首相的禁衛軍統領。皇帝在法學家襄助下解釋及創新法律，鼓勵法學議題的論述，盛況空前，蔚為羅馬法的古典時期。之後羅馬政治步入黑暗時期（二五三～二八四年），羅馬法發展也同時失色黯淡。但隨著戴克里先（二八四～三〇五年在位）復興帝國，再度出現兩部重要法典

（二九一年*Codex Grgorianus*及二九五年*Codex Hermogenianus*），宛如迴光返照。這些法典成為查士丁尼編訂法典的重要根據。

真正羅馬法的後古典時期應該算是從君士坦丁（Constantine I，三〇六～三三七年在位）開始。獨立的法學論述聲音從此不被允許，水準下滑，而帝國政府高度中央集權化及組織進一步官僚化，完全壟斷法學發展。但晚期帝國其實也是法學院最興盛時期，尤以在貝魯特斯及君士坦丁堡的最為知名（另外還有亞歷山卓、羅馬及雅典），而法學素養也常成為出仕要件之一。因此我們應該說法學人才被官僚系統徹底吸收，為帝王服務，不再被允許表達獨立意見，以符合晚期帝國主宰政治（Dominate）高度獨裁集權的政治氣候。中央法務首長（quaestor）地位崇高，專為皇帝草擬律令，但這職位常被善於修辭的人物、而非法學家佔有，因此當時的律令用詞時常浮誇、充滿修辭、欠缺專業，而這反映在收集君士坦丁以來的律令、並在四三八年整理公布的《狄奧多西法典》（*Codex Theodosianus*）中。但這種「帝國修辭」其實也是羅馬法的目的之一。以下將會說明。另外，《狄奧多西法典》首度透露帝國在接受基督信仰後出現的問題，包括歸信者或教士的法律地位、政府是否對教產課稅，或教會（或法人團體）能否成為財物餽贈對象等。異教祭祀等的神聖法當然完全歸零，由教會法（Canon Law）取而代之，但這屬於羅馬法外的另個系統，有自己發展的軌跡。除了與信

仰相關議題外，例如，無重大緣故的離婚被嚴格限制（理由：婚姻是在神見證下締結，理論上只有神才能解散）或是黥面的刑罰（因為人是以上帝形象創造的），帝國改宗對羅馬法特色的影響並沒預期地大。

查士丁尼（五二七～五六五年在位）全力推動法律改革。他倚重約翰（John of Cappadocia）、特里波尼烏斯（Tribonius）等人的襄助，而他們的訓練多以羅馬法古典時期的法學論述為基礎，特別是私法，所以法律改革仍維持原來的特色。皇帝在改革法律時要求刪除過時機制、矛盾法條、細膩炫學但無用的區分，並就爭議確定說法，將羅馬法系統化。約翰主持的法典編訂是彙整戴克里先任內兩部法典、《狄奧多西法典》以及四二八年以來公佈的律令。最後皇帝在五二九年公布現已不存的舊《查士丁尼法典》，在五三四年則公布現存的新版。他希望新法典能改善訴訟的氾濫，但公布法典的行為本身也符合他當時復興羅馬帝國的雄心願景，與當時在西帝國擊潰蠻族的軍事勝利相互輝映。

羅馬法庭允許律師在攻防時引用古典法學家意見，但常出現意見相左，各有所本，莫衷一是。狄奧多西（Theodosius II，四〇八～四五〇年單獨在位）在四二六年公布「援引法」（law of recitation），規範或以多數決、或以某專家意見為優先來解決。查士丁

尼認為這不夠理性，於是先行處理五十道法學爭議，公布《五十道判決》（*Quaginta Decisiones*），並緊接著在五三〇年年末下令特里波尼烏斯網羅法學教授及菁英，將約一千五百冊（一冊是一卷，約是《古羅馬惡行錄》一章的規模）的法學家著述濃縮成五十冊，命名為*Digesta*（《法學彙纂》，原意為「整理過的摘要」；或是*Pandectae*《百科全書》）。他們揀選、甚至改寫原著，確定出認為最好的法律見解；他們雖將結果歸諸前輩，但仍是以獨尊一言取代之前的百家爭鳴。結果Ulpian提供五分之二份量，遙遙領先；次之的是Paul，達六分之一。皇帝在五三三年公布《法學彙纂》，也是希望縮短訴訟。皇帝更下令嚴禁任何人從此對法律進行評論，而這等於將羅馬法凍結在他認為的理想狀態中。

《法學彙纂》也成為法學院學生的修業內容，但仍過於高深。皇帝因此改革法學教育，規定修業年限及學習內容。他下令編訂法學入門教材，由特里波尼烏斯將二世紀古典時期法學家蓋烏斯（Gaius）的《法學入門》，加上其它教材，更新出版。這《法學入門》能獲得皇帝欽定，可能是教科書難得的殊榮吧！

《查士丁尼法典》《法學彙纂》及《法學入門》這三部作品集羅馬法大成，也完成查士丁尼的法律改革，更成為我們認識羅馬法的根據。之後皇帝公布任內的律令集，成為《新

法》（*Novellae*），這裡就有比較多基督教信仰的痕跡。但查士丁尼這種政治集權、壟斷司法也終結了羅馬法那原先所具有的活力及創新，也扼殺法學與時俱進的發展機會。儘管他令人讚嘆的成就，但羅馬法的黃金時代還是在那政治相對開放、法學多元論述受到鼓勵的元首政治時期。

在西羅馬帝國覆亡後，羅馬法陸續在後繼日耳曼民族國家（如東、西哥德及勃艮第王國）以部分方式推行，主要是治理轄內的羅馬子民。但整個法學水準是每況愈下。東羅馬或拜占庭帝國剛開始時亦復如此，因為這整套成品是以拉丁文書寫，而位居東方的拜占庭帝國從七世紀初起已成為以希臘文為國語的帝國，所以一直要等到九世紀，皇帝「智者」李奧（Leo the Wise，八八六～九一二年在位）更新、並以希臘譯文公布查士丁尼的法典集，羅馬法才在拜占庭帝國被較全面認識及使用。在中古西歐羅馬法研究要等到十二世紀，才在北部義大利復興，但之後如火如荼，發揮重大影響力，包括英、法王權的鞏固。羅馬法在十九世紀到達學術研究高峰，主要在德意志地區。但這些都已經是透納《古羅馬惡行錄》的範圍之外。

使用羅馬法來瞭解羅馬歷史？

這是個極為複雜的問題。此處也以極簡方式來說明原則。首先，如果將羅馬法律當作史實，那必然十分危險，正如若將現在國家的法律都當作事實，那應該十分完美，但實則不然。法律應該比較像是語言的文法規則：它協助人們學習說出符合文法的話，讓人理解，但卻不能決定要說話的內容。所以，舉例說，交通號誌規則規範大家如何使用道路，而大家若都遵守，大致能保障行路安全，但卻無法禁止決心貪圖方便而違規的人；即使有人執法，違規者仍願冒著被處罰的風險，以欺瞞或其它方式來遂行己意，滿足那無所不在的個人「快樂原則」（pleasure principle），而這「快樂原則」即使在現代監控嚴密的政權也難以完全抹除。《古羅馬惡行錄》裡所提及的「惡行」要在羅馬法強調私權的觀照下，才能理解，例如對人身傷害的公訴罪在羅馬世界是以財物毀損來處理。透納在本書中因此使用具體例證來陳述羅馬法所規定的「惡行」在實際上為何，而這具體發生過的故事才是歷史，而不是那些抽象的法規。羅馬法是古羅馬的社會文法，讓我們理解羅馬人如何行為、甚至何以如此行為，並解釋何以會被法律視為「惡行」。

但這種「玩弄」法律，以滿足個人「快樂原則」，並不意味羅馬法是僅供參考，公布只是為了被逾越破壞，毫無嚇阻效果。因為制訂法律者也常「被認為」能強制執行，而大部分的人只需知道這種可能性，便會決定守法，成為不願或不敢犯法的順民。但羅馬帝國曾統治過五千萬人口、五百萬平方公里的疆域，何其浩瀚遼闊，而那是沒有電話或網路，最快交通工具僅是馬匹奔跑的時代！即使晚期羅馬帝國採取被誇稱為「大政府」的集權官僚治理方式，但天高皇帝（或官員）真的仍是很遠很遠，而法律不普及、不方便是確切事實，且耗時耗錢、甚至不公不義。人們對法律的重點最後還是退防到個人如何保全自身財產的私法上，而羅馬法強調物權則反映這重點。這也說明早期法律何以偏向於衝突解決，而非由法律規定孰是孰非；但隨著帝國發展，這小型社區常出現的解決方式，終於被迫改變，但定型羅馬法的核心還是集中在保障有產階級財物的私法上，而這群有產階級正也是羅馬政權最重要的支持者。

透納所提及的「惡行」看似包羅萬象，但與現在犯罪相比，種類及數量仍會讓人覺得羅馬帝國像是個烏托邦。這部分是因為犯罪及其防治不太曾是羅馬法的主要關切，法令不夠齊全。不過政治秩序的「維穩」則很重要，不過這不是法律所能單獨做到的。從帝國統治者觀點來看，公布法律和強調以法治國的決心，有其重大政治象徵意義。這是種「說服」加上

「脅迫」的帝國修辭，象徵皇權無遠弗屆，政治運作順暢，而這象徵意義對統治者及其支持者是十分重要的。這是羅馬法的政治意義。皇帝個人可以是惡棍，如《古羅馬惡行錄》第一章開宗明義地談論不良少年皇帝尼祿的惡行惡狀，但羅馬法及羅馬帝國卻是公正、永恆的。透納所描繪的狀況多是半下流社會才發生的事，而皇帝雖偶而會因敗德而淪落到半下流社會，但仍無損羅馬帝國以及羅馬法的無比尊嚴。

有關*Infamia*

*Infamia*最初是監察官（censors）在五年一度的糾舉監察措施中，將涉及惡劣行為（包括如揮霍遺產而負債）的公民標上*infamia*的記號，但特別是針對元老，並藉口逐出元老院。法務官則透過控制司法資源，剝奪一些被列入黑名單的*infames*使用司法的機會，如不得預立遺囑或成為遺囑受益人。但之後則逐漸演變成如在*Digest* 3.2.1所提的「惡行」：「以下會引起*infamia*：一個人以不榮譽方式退役……出現在舞台表演或吟唱；開娼妓院牟利；在刑事程序中被判決進行騷擾性訴訟或共謀其中任何事者；以自己之名被定罪偷竊、暴力搶劫、侮辱他人、詐騙、設局或在如是的案件中涉案者……」。這顯然是指一般「惡行」，但其涵蓋範圍廣闊，因為從其它地方我們得知，例如，寡婦在完成守喪前再婚，會被記下

infamia（但其男性配偶則沒事）；或人們接受委託存款或合夥事業時，背棄約定，也會引起*infamia*；和已經是*infames*的人結婚也自動會為自己帶來*infamia*。將*infamia*翻譯為廣泛的「惡行」、甚至是會「傳染」的惡行，應該是妥當的。

進行法律改革的查士丁尼在即位前，迷戀牛肉場秀女演員狄奧多拉（Theodora），極想婚娶為妻，卻面臨因此帶來*infamia*的法律障礙。他透過自己代理叔叔皇帝（Justin I，五一八～五二七年在位，晚年可能患有阿茲海默症）執政的機會，慫恿元老院通過建議案，以這類女性改過自新，可以免除*infamia*，最後來讓自己順利成婚。這故事顯示出羅馬法終究是羅馬權力（*imperium Romanum*）的法律表述，而越高層的人顯然越能享受到羅馬法的保護。

Rome on Trial

控訴｜羅馬大審判

面對威脅，國王當下立刻就能分辨。敵人的女兒生下雙胞胎男嬰，國王立刻看出這對嬰兒長大以後會挑戰他的地位，所以他做了任何明智國王都會做的事：下令把這對嬰兒扔進台伯河。不過，不幸的是，台伯河正好河水泛濫，沒辦法走到河岸邊，所以國王的僕人沒有忠心為主人辦事，只把嬰兒和搖籃一起扔入河水，以為這樣雙胞胎一定會淹死。事實證明，洪水很快便退去，嬰兒和搖籃留在乾地上，置身於沼澤般荒野中的一片無花果樹林。這時，有一隻口渴的母狼想到河邊喝水，發現了哭泣的嬰兒。母狼沒有吃掉嬰兒，反而讓飢餓的嬰兒吸吮牠的乳頭，一邊餵奶還一邊用舌頭輕輕舔著這對雙胞胎。不久，有一位名叫浮士德勒（Faustulus）的牧羊人發現這兩個男孩，於是帶回家給妻子拉倫夏（Acca Larentia），當作

是自己的孩子養育，並命名為羅慕路斯（Romulus）和雷慕斯（Remus）。

隨著男孩們漸漸成長，他們變得格外強壯，經常會結伴到森林裡打獵，如果偶然遇到強盜，甚至還會主動攻擊。兩人如天生的領導者，很快吸引了一群年輕人追隨，渴望參與兄弟倆的冒險活動。由於這對雙胞胎吸引的追隨者愈來愈多，最後甚至能夠與出生時想要淹死他們的暴君互相抗衡。經過一場混戰，國王錯失了輕易致勝的機會，於關鍵時刻被殺死，從此在歷史中被遺忘。大人物便如此崩殞。

倆兄弟於是想要在當初被遺棄地點的附近建立屬於自己的城市。由於鄰近的城市人滿為患，很多人都急切地想要追隨這兩位充滿希望的年輕人，眼看計畫就要成功，建城指日可待。可惜！兩個男孩都想要在一個稍微有點不同的地方建立城市。羅慕路斯心儀的是帕拉丁丘（Palatine），雷慕斯是阿溫廷丘（Aventine）。還有一件看似微不足道卻令人頭疼的小事——這座新城市應該以倆兄弟誰的名字來命名？兩人是雙胞胎，難分長幼。由於無法達成一致意見，他們各自著手，在選定的地點建立自己的聚落，然後決定透過詢問眾神來解決這個爭論。

最後他們想出來的辦法是：在自己的山上統計鳥類數量，如果眾神認為哪個人的選擇正確，便會往哪座山送去最多的鳥。

於是兩個人都在各自的山上安排了一個神聖的空間，開始觀看天空。羅慕路斯一隻鳥

都沒看見，所以他想了個詭計，送信給雷慕斯，騙他趕緊過來。雷慕斯收到信後自然認為是兄弟要承認失敗。傳遞訊息的信使對這種不誠實行為感到羞恥，可能心中還開始懷疑自己是否選對了人，因此故意走得很慢。雷慕斯一路上發現了六隻兀鷹，他認為自己贏定了。但是在他到達的那一刻，羅慕路斯眼前出現了兩倍數量的鳥。雙方都聲稱自己贏得勝利。雷慕斯說他贏了，因為鳥兒先出現在他眼前，羅慕路斯卻認為自己看到的鳥更多。倆人怒火高漲地打了起來，最後雷慕斯被殺死。羅慕路斯得到權力，可任意將這座城市以他為名。這就是羅馬城的由來。

羅馬歷史學家李維（Livy）告訴了我們羅馬城建立的確切日期：西元前七五三年四月二十一日。儘管準確性很高，但李維是在這事件結束後的七百五十年才寫出來，並沒有憑藉什麼證據。而且這個故事還有很多其他版本：有人聲稱，是因為雷慕斯取笑羅慕路斯的城牆，還跳過牆，大聲羞辱城牆無用，導致羅慕路斯憤怒不已，當場殺了他。有人甚至聲稱，有罪的並非羅慕路斯，而是支持他的人之一，這個說法最早是由羅馬歷史學家科西烏斯·費邊·畢克托（Quintus Fabius Pictor）所提出，不過他也是在這個推演事件發生後五百年左右才寫成。今天，關於這個事件，同時期大致最為人所知的三個出處，就是李維、哈利卡納蘇斯的戴奧尼修斯（Dionysius of Halicarnassus），以及西元二世紀初期普魯塔克（Plutarch）所撰寫的《羅慕路斯生平》。不過以上三種版本，對羅馬城究竟是何時建立的並無一致觀

點，包括西元前八一四、七五三、七五二、七五一、七四八、七二九年等，都是可能的日期。由於上述著作都是在羅馬成為地中海世界主導力量之後所編寫的，這些著作主要告訴我們的其實是，「後來羅馬人如何看待他們自己，而非羅馬建立之際所發生的事」。這些故事所呈現的真實性有限。羅馬可能是由一位名叫羅慕路斯的人所建立，可能有一對孿生兄弟真的為了羅馬城的落腳處發生爭執，甚至因為命名而發生爭執。但這些神話故事真正告訴我們的是，羅馬人後來如何了解自己的面貌。關於羅馬起源的神話，可解釋羅馬人物的個性，告訴我們問題的答案：為什麼羅馬人曾如此成功？讓他們如此偉大的原因是什麼？

神話提供了這些問題的答案，但並非適用於每個問題。為什麼羅馬起源故事的核心是兄弟相殘這種可怕的罪行？畢竟，後來的羅馬社會公認，殺害親密家族成員是一件特別令人震驚的事。惡性重大的罪犯，不只是處以斬首或火刑等死刑，有的還會被丟進一個大袋子，再裝入狗、公雞、蛇和猩猩各一隻，縫死袋口，然後扔進大海或台伯河。這種誇張的處死形式，反映了羅馬社會中數代同堂大家庭的根本重要性。故事中如此一件可怕的罪行，發揮了重要的作用，顯示羅馬人認識到，他們自己的性格具有令人深感不安的一面。後來的羅馬人也在自己身上看到一種無情的態度，為羅馬如何能征服地中海世界寫下了註解。雷慕斯被謀殺，代表羅馬人將國家置於所有一切事物之上，甚至比自己的親兄弟還重要。權力是最重要的，如果獲得政治權力必須要殺害家人，那就做吧。這個故事強調了羅馬人的暴力能量，也

顯示他們理解統治、執政經常會涉及殘暴的行為。此外還顯示，羅馬人知道自己祖先的怪異狀況。如果創建這座城市的人是個王子，嬰兒時期就被遺棄，然後由牧羊人撫養長大，那麼羅馬人的強悍態度便不令人驚訝，他們未曾想過要過著奢侈的皇室生活。在許多方面，羅馬多多少少狡詐不實的成長過程，成為所有羅馬人形象的隱喻。有人（元老院議員）是尊貴高尚的，但大多數人（平民）則不用說，都是腳踏實地的老實人，而且整體來說，羅馬人所展現的特質，正是管理他們已知世界所需要的。

羅馬人也知道，自己並不值得完全信賴。他們的平民似乎有些過於野心勃勃。羅慕路斯難道不是想要在計算鳥隻上欺騙自己的兄弟嗎？即使有眾神參與，他不還是做惡了嗎？羅馬人喜歡相信眾神是站在自己這邊，他們稱這是一種「眾神的和平」（*pax deorum*），令他們感到舒適安全。但他們神話般的國家創建者，卻在宗教面前公然作弊。後來的羅馬人認識到，他們完全有能力進行這種可恥的行為。關於這個神話，有個版本甚至聲稱，狼的角色是虛構的。羅馬人使用拉丁文「*lupae*」代表母狼，但這個字也是妓女的意思，因此在這個版本的故事中，牧羊人浮士德勒的妻子事實上是個妓女。好像羅馬人心裡都藏著一些念頭，相信祖先的櫃子裡都裝著可恥的祕密，一個有助於解釋他們究竟是誰的祕密。

當然，這個建國神話也說明了羅馬人的優點。被遺棄的孩子卻變得強大，表示他們的確很特別。長大成人以後，成為英俊、高尚的年輕人，膽大又勇敢，勇於冒險，毫不畏懼。

倆兄弟對同齡者和屬下都一樣友善，但對國王的黨羽卻嗤之以鼻。如果有人受到暴力威脅，他們會根據個人利益，進行干預。就像那隻了不起的母狼一樣，沒有吞食雙胞胎，反而給他們餵奶，倆兄弟也一樣照顧著照顧他們的人。在倆人中，據說羅慕路斯的判斷力和政治智慧較高，他與鄰人打交道時，給人的印象是天生的命令者而非服從者。這倆人對自己所做的一切都充滿熱情，無論是運動、狩獵或驅趕盜匪和小偷。因此他們日後在整片國土都享有盛名，後代亦征服地中海世界，這點並不令人驚訝。

但羅馬人也知道，成功必須付出代價。詩人奧維德在《歲時記》（Ovid *Fasti Book 4*）中描述這個神話。雷慕斯的鬼魂現身在養父母面前，表示對自己的死亡感到憤怒，也說到他對手足的愛不應受到質疑。羅慕路斯後來聽聞了這件事，想要努力忍住眼淚卻沒辦法，但他最後將悲傷鎖在心中，下定決心日後不在公共場所哭泣，樹立堅強的榜樣。羅馬人明白，成功表示要抑制個人的想法，必須為國家利益犧牲一切，還要隨時準備好，必要時去面對各種暴力犯罪。最重要的是，他們明白餵奶的狼具有怎樣的含意：那是一隻兇惡有野性的野獸，且令人感到威脅，而這些特質和乳汁一起被羅馬人吸收了。羅馬人知道自己是狼之子。

本書將羅馬送上審判席。很多人認為，羅馬是個罪惡之都，充滿野蠻、罪惡和腐敗。有位現代作家，將羅馬競技場的角鬥士戰鬥描述為「嗜血的人類大屠殺」、「迄今為止所發

明最糟糕的血腥運動」，甚至聲稱「史上最具破壞性的制度就是納粹主義和羅馬角鬥士」。羅馬的征服戰爭，囊括在愛德華・吉朋（Edward Gibbon）所謂「對人道和正義的永久性侵犯」範圍內，若發生於現代，將會被帶到荷蘭海牙國際戰爭刑事法庭上。正如另一位著名學者所爭論，羅馬帝國中普遍存在著腐敗，政府努力的目標，受挫於高階官僚和軍事領導人的私人利益，導致帝國垮台。相較於現代流行的娛樂，無論是羅伯特・格雷夫斯的小說《我，克勞狄烏斯》（*I Claudius*）還是HBO電視連續劇《羅馬》，羅馬帝國都已成為各種性墮落的同義詞。但仍有人將羅馬視為有秩序和成功社會的一個範例，認為帝國「眾神的和平」實現了好幾世紀的和平，並使數百萬人免於最嚴重的恐懼——被侵略、攻打、死亡或奴役。羅馬的國家權威，啟發了現代西方世界中的許多政府和司法建築，從英國倫敦的老貝利法院，到美國華盛頓特區的國會大廈。

現實世界中，羅馬究竟是什麼樣的地方？是一個秩序井然的社會，整體來說皇帝做得還不錯，人民在很大程度上願意支持帝國嗎？還是一個殘酷的黑幫集團，罪行無處不在，法律主要是為了服務強大勢力而存在，反對派被碾壓呢？羅馬社會是否以犯罪為中心，就像神話中建立城市的過程一樣？

皇帝本身即反映了羅馬的分裂人格。惡名昭彰的「壞」皇帝，例如尼祿（Nero）、卡利古拉（Caligula）等，是專制暴君的縮影。這些統治者不受起訴所限，凌駕於法律之上，

打破了社會行為的所有規則。這只是例外嗎？其他的皇帝似乎都努力想要維護正義。古羅馬歷史學家蘇維托尼烏斯（Suetonius）說，例如，皇帝克勞狄烏斯（Claudius）並不總是遵循法律規定，而是會根據自己對公平正義的想法做修改，即使有時在法律上並沒有如此嚴厲的懲罰，還是會任由野獸殘殺重罪犯。有一次，克勞狄烏斯判定一個男人犯了偽造罪，圍觀者有人喊著罪犯應該要斷手，此時皇帝立刻同意，召喚劊子手帶刀和砧板過來。這樣算是一位皇帝的治理良好，或只是對嗜血群眾的展示？蘇維托尼烏斯還說，克勞狄烏斯在審判案件時，表現出的是奇怪的不一致。有時他小心翼翼又精明，有時卻輕率、考慮不周，有時只是愚蠢。在一場關於某人是否為公民的爭議中，律師之間產生了毫無意義的爭論——關於主角是否應該穿束腰長袍「托加」（toga）還是奴隸穿的長襯衣「托尼卡」（tunic），因為只有公民才可以穿長袍。為了展現公平正義，克勞狄烏斯讓男人在辯方及控方發言時輪流換衣服。蘇維托尼烏斯認為，這種行為顯示克勞狄烏斯毫無信用，公開藐視司法。

或是想一想，當官員西爾瓦努斯（Plautius Silvanus）莫名將妻子阿普尼亞（Apronia）扔出臥室窗戶，皇帝提比留（Tiberius）採取了什麼行動？西爾瓦努斯被帶到皇帝面前，聲稱自己當時已經睡著，所以妻子一定是自殺。提比伯留沒有任何遲疑，直奔對方的房子，檢查臥室，發現了明顯的掙扎痕跡。但他並沒有任意採取行動，而是將案件交給元老院，並成立一個司法委員會。至此一切順利。但西爾瓦努斯的祖母烏爾古拉尼亞（Urgulania）是皇

室家族老友，她後來送了一把匕首給孫子，這個暗示很容易解讀：皇帝的意思很明白，被告的結果就是切斷動脈（Tacitus *Annals* **4.22**）。我們再度得到一幅色彩生動的圖畫，這則軼事看起來不像是典型的事件，但也提供了正義與任性混合的證據，往往是帝國統治特徵的一種顯現。

即便如此，皇帝對羅馬社會整體的相關影響程度如何？天高皇帝遠，對羅馬人的一般生活能產生多大影響？結果似乎是肯定的，一些羅馬作者對皇帝表示感謝，將羅馬的和平與繁榮歸功於他們：「凱撒為我們提供了偉大的和平，不再有長久的戰爭，不再衝突，不再有大規模的掠奪，也沒有盜賊，無論何時我們都可以在陸上或海上航行。」（愛比克泰德《語錄》Epictetus *Discourses* **3.13.9**）。一些學者認為，這種感懷之言，反映了帝國內部基本的守法狀況。當然，他們說，法律很嚴格，但這完全是為了所有人的利益。羅馬歷史學家華勒烏斯・帕特庫拉斯（Velleius Paterculus）描述了在共和國最後數年的混亂後，奧古斯都皇帝如何樹立正義，作為他新帝國政府的關鍵特質：

> 國家長期遺忘的正義、公平和努力工作，如今已恢復。官員恢復了威信，元老院恢復了權威，法院恢復了尊嚴。劇院的動亂已被壓制，每個公民都不是充滿了想要做對事的期望，就是出於被迫必須這樣做。（《羅馬歷史》*History of Rome* **2.126**）

他繼續解釋，「何時穀物價格比現在更合理，或是何時和平的祝福比現在更大？」他說，這就是「奧古斯都的和平」，它為帝國的每個角落帶來了安全。皇帝自己以身作則，親身示範，教導公民做正確的事。

這的確是高度的讚美，但確實如此嗎？假設我們只就表面來看待這些描述，便會看到一個世界——即使羅馬帝國的法律系統發展不如現代，也能成功使數百萬居民和平共處。就此觀點，羅馬帝國長治久安，是因為人們普遍存在共識，認為羅馬的治理公平合理。羅馬帝國的居民將統治階級的意識形態內化，因此自願成為帝國的參與者，而非被帝國所支配。但問題在於，它忽略了雙方間巨大的權力不平衡。除了阿諛奉承，你還能怎樣對皇帝說話？同樣地，伊拉克在海珊（Saddam Hussein）執政期間，每當他現身，群眾都歡欣鼓舞，但失勢後，群眾的行為就大不相同。因此我們也可以想像，羅馬人是否說的都是皇帝想聽的話，但私下的想法卻大相逕庭？

羅馬人民又如何？基本上守法嗎？是否只對諷刺詩人尤維諾（Juvenal）詩中的「麵包和競技場」有興趣？是否關心正義等抽象概念？我們要來研究羅馬人民是否曾設法對皇帝發揮任何影響，以及皇帝是否曾對群眾的法律和秩序需求有所回應。我們要來檢視羅馬人民在酒吧裡的談話，以及他們如何評論朝政。在專制皇帝的統治下，自由交談是一件危險的事，

我們將看到人們經常會以匿名的安全方式來發表自己的批評。

在此情況下，我們要擔任偵探角色，為了對羅馬帝國做出判決，我們將從全國各地收集證據，除了關注社會頂層的皇帝和元老院議員，還需關注底層的農民、工人和奴隸。為了搜索羅馬的各種不法行為，我們會檢視大量的資源。帝國晚期匯集了重要的法律書籍，提供許多送上法庭的案件範例，充滿各種細節；埃及的莎草紙證據，提供了有關當地案件的訊息，引人入勝；另外在修辭教學練習和古代小說中，也都有虛構的犯罪案例；羅馬作家和歷史學家經常討論精英份子的罪行；留存的神諭和魔法咒語，也告訴我們許多一般人的恐懼；基督教文獻中寫著受難者死於羅馬國家之手的可怕故事；後來，當羅馬帝國改成信仰基督教，這些文獻中也寫著它對先前的作為有何想法。我們會發現，所有的證詞都有問題，必須盡力權衡不同的證據。

我們將會對羅馬做出判決，決定羅馬人是否真的比我們更糟糕。羅馬社會是否因為任由絕大多數人民暴露於各種犯罪生活而感到內疚？羅馬是否對所有征服的地區都施行這種犯罪文化？我們將研究羅馬所有參與犯罪的人，無論是被告、證人還是原告，以及性別、地位和年齡如何影響所受到的待遇。我們將會從許多角度研究古代的罪行，從人們認為導致的原因，到如何預防和懲罰，以及經驗和恐懼。我們將揭發犯罪（無論是宗教、性、暴力或叛

國）如何跨越羅馬社會各階級層面，以及每個人對這些事不同的認知。隨著羅馬城發展成全球性的龐大帝國中心，我們將看到從叛國罪到通姦罪等各種不同的罪行，以及如何找到新的處理方法。我們將研究皇帝在這一切中所扮演的角色、裁決多樣性的問題、從餐飲店出售什麼樣的食物，到奴隸的懲罰。最後，我們將看見羅馬帝國對後來的基督化是否有所作為。在耶穌教化的影響下，羅馬人是否改過自新，還是仍一直保持相同的獸性？

Nero's Muggings and Other Violent Crime

第 1 章｜尼祿的掠奪及其他暴力犯罪

尼祿皇帝習於在晚上出巡，他把自己打扮成奴隸，到羅馬街頭和酒吧裡四處遊蕩。這是在西元六四年的羅馬大火之前（不過尼祿被指控，是他自己引發這場大火），舊城區的街道蜿蜒、狹窄而黑暗。皇帝會潛伏在陰影中，等待一個毫無防備的受害者經過，然後跳出來施以暴力攻擊。如果受害者敢有任何抵抗，尼祿會刺死他們，然後將屍體扔進下水道。曾有一位勇敢反抗的受害者成功壓制了皇帝，僅差一吋的距離就威脅到皇帝的性命，後來尼祿強迫這個男人自殺。他甚至會闖入商店偷東西，安全返回宮殿後，他會拍賣戰利品，最高出價者得標，使皇家居所成為銷贓市場。消息傳開，皇帝沉迷於肆無忌憚的犯罪戲耍，許多人都開始仿效。據說，羅馬的夜晚因此出現了許多幫派黨羽，整座城如同受到了敵人的侵襲。

（Suetonius *Nero* ***26***）

此時尼祿還是個年輕人，他才十六歲便登基為皇帝，因此人們剛開始是保持中立態度，甚至相信尼祿能成為好皇帝。人們可能以為，尼祿夜晚的活動，還有他的慾望、奢侈和殘忍，都不過是年輕氣盛，行事荒唐，但其實那確實是他性格中固有的部分。在黑暗降臨之際，年輕的皇帝無法抗拒這些惡毒的惡作劇，這透露出他對暴力幾乎是心理變態的愛好，完全藐視所有正常的行為規範。羅馬人對自己的兒子相當寬宥，有時兒子喝多了酒，偶爾打打架，或與妓女發生性關係，都不會過度擔心。正如羅馬政治家西塞羅（Cicero）說過，任何譴責這種行為的人，不過是過於嚴苛罷了。只要行為不過度放縱，就可被視為一種能讓年輕人放鬆身心的過渡期，以適應成人嚴肅生活的方式（不必說，對年輕女性，自然也有截然不同的處理態度）。

不過尼祿不同。他不是打破一些規則，他是打破每一條規則，無論是與性行為、財產權還是暴力有關。他覺得有必要不斷打破這些規則。每天晚上，他都會像穿著連帽衫的青年一樣，戴上假髮或帽子，設法隱瞞自己的身分，然後前往充斥危險的街頭，體驗羅馬城夜生活的快感。顯然他討厭被關在宮殿裡受限。他的母親和元老院顧問，會在白天對他講述好皇帝該做什麼事。尼祿後來擺脫了所有老人，但最初的幾年中，白天吩咐該做的事他都遵照，夜晚他則做自己想做的事。根據老普林尼《博物志》（Pliny *Natural History*）的記

載，由於害怕被發現，他學會用毒胡蘿蔔（Thapsia）草藥來掩蓋他在出軌行為中產生的瘀傷（*13.126*），同時也一直設法假裝成人們期望的皇帝模樣。一旦離開皇宮到城裡，他就變得完全肆無忌憚，不在乎會冒多大風險。有一次打鬥，他的眼珠幾乎被打掉，快要被殺死，簡直是想要自己年紀輕輕就死掉一樣，但他其實是個膽小鬼。有次他險些被一個受害者殺死，後來晚上出門探險時，他都會帶上保鑣，讓他們遠距離跟蹤，不被別人看見，如果在爭鬥中對手看來占了上風，保鑣就會現身保護皇帝。年輕的尼祿可謂是兩種人——心理變態和懦夫，這顯示他是多麼不平衡。

這些故事的特殊之處在於，尼祿是羅馬法律系統的領袖，也是羅馬法律最高的裁決和源頭，卻喜歡當殘暴的盜賊。當然，尼祿的犯罪行為也證明了他是一位多麼糟糕的統治者——他的缺點肯定比大多數人更明顯。但是對於所有圍繞尼祿的負面評論，還有相較於其他羅馬統治者的優秀表現，尼祿如何擺脫這些陰影，同時又能主持一個日益完善的法律系統？

強盜皇帝告訴我們羅馬的現實生活是什麼模樣。羅慕路斯對手足的暴力行為，是否持續滲透到日後的羅馬帝國？

羅馬的暴力

今天，暴力往往被分類為幾個小類，代表各種侵略行為：生理、性、心理和情緒。羅馬人對傷害（*iniuria*）的結構，具有相當深入的思考，他們的認知與我們截然不同。正如一位法學家所解釋的：「傷害並非僅發生在拳頭、棍棒或鞭子打架之處，還有大聲辱罵」（蓋烏斯《法學入門》Gaius *Institutes* **220**）。名聲反映著羅馬人的社會地位，因此非常重要。被別人毫無正當理由地公開誹謗，就像真實打鬥一樣，都是傷害。這亦適用於散文或詩歌等書面攻擊。誹謗和造謠對我們來說是較小的罪行，不過，我想如果有人不嫌麻煩，特別寫詩來誹謗我，我反而會受寵若驚（並不是在邀請大家這樣做）。現代誹謗法雖然確實部分展現了這種思維方式，名人對書面或公開的誹謗性評論可以提出告訴，要求損害名譽的賠償。我們也知道，誹謗是富人的遊戲。大多數人的知名度都不高，不足以承擔法律案件的代價（這就是為什麼報章媒體對待小人物如此惡劣）。我們大多數人，要是在路上受辱，或在網路上受到言語攻擊，只能聳肩算了。但我們也相信，雖然言語可能會使人受傷，但並不像棍棒和石頭那麼嚴重，兩者仍有很大不同。羅馬社會認為，個人要服從一個大的團體，團體對一個人的看法（名譽）比自己的想法更重要。個人在社會上的地位，倘若遭受任何威脅，都是對

個人身分的嚴重挑戰，這種威脅需要積極回應。

由於地位和傷害之間的關聯緊密，就羅馬人所用的拉丁文*iniuria*（傷害）意義上來說，他們並不接受奴隸會受到「傷害」這件事。如果你為了屈辱某人而打他的奴隸（Gaius *Institutes* **222**），主人會受傷。如果你把奴隸帶到一個酒吧，教他如何玩骰子，敗壞他的道德，主人也會受傷。挑逗女性會產生同樣的效果，就像朝她們扔大便一樣，因為基本而言，「傷害」某人，就是質疑或降低受害者的社會地位或榮譽。傷害也可以是對大眾的，例如，汙染水源供應會對大眾造成傷害，這被公認是一種特別嚴重的犯罪，因為沒有尊重整個社會秩序，因此，正如一個法條所規定，「必須加以特別嚴重的懲處」（《法學匯纂》*Digest* ***47.11.1.1***）。

羅馬有多暴力？

諷刺作家尤維諾在《諷時詩》（*Satires* ***3.281-308***）中，為我們提供一幅描繪羅馬惡名昭彰的圖畫，顯示那是個暴力犯罪的巢穴。他的諷刺栩栩如生，描繪出街頭的危險。他聲稱，如果你赴晚宴卻沒有立遺囑，這是魯莽的。你有多次死亡的機會。如果夠幸運，你只會被夜壺擊中腦袋。倘若不是，你會發現有些喝醉酒發酒瘋的人想要找人打架時，會避開

有奴僕隨扈保護的富人，選你為目標。或是你會被一些流浪漢拿刀攻擊。歷史學家李維在《羅馬歷史》（*History of Rome 3.13*）中，提供我們一幅類似的圖畫，他在奧古斯都統治期間寫出一件發生在五〇〇年前的事件，講述平凡普通的盧修斯（Lucius）和弟弟沃爾修斯（Volscius）的故事。兄弟出門到城裡過夜，遇到一群整天無所事事、眼睛長在頭頂、集會喝醉酒的年輕貴族。「起初他們嘲笑、汙衊我們，」沃爾修斯說，「就像傲慢的年輕人喝醉酒，時常會虐待卑賤的窮人。」隨後發生了一場打鬥，兄弟倆毫無理由地被暴打了一頓。

這幅圖畫有多準確？我們是否相信尤維諾的證詞？我們對他知之甚少，但他撰寫優雅的詩歌，這件事實表示他受過高等教育，家庭背景富裕。若確是如此，他在羅馬的骯髒街頭徘徊數小時的可能性有多大？更重要的是，他是一個諷刺作家，以諷刺和誇張的方式填滿作品，傳達觀點。因此他似乎並不是一個特別可靠的證人，不能只從表面解讀。

事實上，羅馬法律書籍中談到一般攻擊或傷害的部分很少，或許這代表羅馬的馬路是安全的，但其實只是反映出小事不值得上法庭。制定法律的富人，便是尤維諾嘲諷的對象；這些男人受到隨從的保護。他們對常見的暴力沒興趣，不足以成為法律問題。當法律記錄中偶然出現暴力，通常會形成有些怪異的理論性討論。因此在六世紀查士丁尼（Justinian）大帝所召集編輯的羅馬法律大成《法學匯纂》（***9.2.52.1***）中有一例，一個店主晚上在店門口路邊的石頭上放了一盞燈。有個路人經過，拿走燈，店主跟上去要求還回。小偷竟拿起鞭子

攻擊店主，兩個人爆發爭執，店主打瞎了小偷的眼睛。事後，店主雖然也被打，但他還是諮詢一位律師，確定自己是否犯有造成非法行為的傷害罪。律師回答，由於小偷持有凶險的刀械，只能自負失去一隻眼的責任。但如果店主不是先被打，那麼店主就該承擔責任。

這是我們在法典中所見的典型街頭暴力事件。乍看下，我們可能會認為這顯示了羅馬街頭常見的暴力程度。盜賊很常見，可憐的受害者只能為維護自己的財物而戰。但仔細觀察，我們發現這只是個理論的案例，是由法律學術界的大頭所設定。這個爭論部分反映了我們自己的困境，即財產所有者應在多大程度上保護自己免受盜賊的攻擊。這幾乎可說是一幅諷刺畫，是精英階級對街頭世界的想像。但即使現實情況並非如此，即使有這樣的例子，我們能否因此推斷羅馬整體社會犯罪盛行的情況？我們能否有把握得到結論：羅馬是一個充滿野蠻騙子的世界？我自己住在英國劍橋，這是世界上最安全的城市之一，但在市中心的某些地方，仍不時發生與酒相關的破壞和暴力，這類情事很常見。如果我聽到有人在星期六晚上推倒我家垃圾箱，那麼我最不能做的事，就是衝出去對抗。如果我想要打架，可以去城裡的大酒吧，尋歡作樂的人多會聚集在那裡。然而這並非常態。事實上，羅馬店主將燈放在店外，顯示他可能已習慣這樣做，也通常一切無事——沒有偷竊、強盜搶劫，也沒有打鬥。

試想以下情況。有幾個年輕人在街上玩球。其中一擊太猛，擊中路邊在刮鬍子的理髮師的手（當時很常見，理髮師只需在路邊放把凳子，就可以做生意），割斷了奴隸的喉嚨。

問題出現了，誰應對傷害負責？年輕人是不是打球太用力？畢竟理髮師習慣在公共場所理髮，但人們卻聚集在路上玩球。還是因為奴隸選擇坐在危險處的椅子上理髮，所以只能怪自己？同樣地，路上風景的一些元素提供了有趣的色彩：理髮師在路邊為顧客理髮，喧囂又匆忙，奴隸會去找理髮師。但我們真的認為這種死法是常見的嗎？原來這只是為法律問題而假設的情況（***9,2,11 pref.***），但並不是說羅馬街頭沒有各種不明風險。有條法律規定，弄蛇人養的爬蟲類如果傷害了人，弄蛇人必須承擔責任——但路上真的那麼常見弄蛇人嗎？（***47.11.11***）蛇經常會攻擊旁觀的路人嗎？

想要評斷羅馬的暴力程度特別困難，因為這座城市真是個特例。人口之多，最高擁有大約一百萬的龐大人口。軍隊通常不被允許進入城市，所以是由奧古斯都所成立的守夜警消部隊（*vigiles*）來守衛秩序，主要目的是消防（以木造建築為主的城市，火災是重大威脅），也兼查緝盜匪。富人住在大房子裡，可以用奴隸來保護自己，並建造高牆，防止潛在的入侵者。羅馬城外，廣泛是以士兵來維持秩序，許多軍隊被派駐城鎮，足以在大部分時間維持和平。可以肯定的是，政府非常熱衷於維護公共秩序，從某種意義上來說，就是鎮壓叛亂或阻止暴動和抗稅起義。但把士兵留在小城，表示目標是維持日常秩序。當地人民經常就小罪向百夫長訴願，駐軍也可以監視麻煩人物。這並不是說少數軍人便能夠使帝國井然有序，但它確實反駁了政府對小規模的地區性犯罪沒興趣的觀點。即使是今天，你還能經常在

路上看到警察嗎？但這並不表示犯罪率很高，或當權者對預防犯罪沒興趣。警察很少，可反映社會普遍守法，或代表少數警察的存在便足以遏止大部分犯罪。

我們現代先入為主的觀念，也使我們很難對羅馬社會所存在的暴力程度做出結論。羅馬一直都與優良的秩序和政府連繫在一起，這一點在各國政府採用古典式建築上的表現最明顯。尤其是十九和二十世紀初，當時歐洲的帝國霸權，熱衷於強調自己與過去偉大羅馬帝國的關聯，後來的政權也熱衷於強調維護羅馬傳統。想想美國華盛頓特區的巨型公共紀念碑、召開會議的國會大廈（Capitol），亦完全以卡比托丘（Capitoline hill）上的古羅馬政府大樓命名。巨型華盛頓紀念碑是一座埃及風格的方尖碑，可以追溯到當時運送到羅馬、作為皇權象徵的許多同類型柱子。羅馬與政府穩定，政權與良好秩序的連結，同時亦滲透到一般大眾的層面。正如著名英國戲劇團體「巨蟒馬戲團」（Monty Python）的影片《萬世魔星》（*Life of Brian*）中，當時審判官瑞格（Reg）被迫承認羅馬統治為猶太人帶來的許多好處，他的一位追隨者對瑞格說出見解：「現在晚上走在街上是安全的。」

事實上，羅馬的威權並不總是對受統治者有益。士兵並非一直是維護良好秩序的力量。皇帝塞維魯斯（Septimius Severus）被指責讓羅馬失去秩序，正是因為他在城牆內駐紮了眾多軍隊。住在軍營附近的人都知道，城裡的士兵反而是造成小規模混亂的原因。更糟糕的是，至少在傲慢的羅馬人看來，塞維魯斯拋棄了從帝國優良地區——如義大利、西班牙、

馬其頓和諾里孔（現奧地利）等——選擇皇家禁衛軍的做法，而改為不論什麼地區，以才能為主。這樣雖公平，但也表示軍隊中充滿了來自不同文化的新兵。歷史學家狄奧（Dio）抱怨，羅馬滿是亂糟糟的士兵，這些士兵有著「最粗野的外表」和「最可怕的說話方式」，根本就是卑賤的蠻人（*Roman History* **75.2.4**）。雖然狄奧很勢利，但不可否認，士兵有自己的一套法律，對駐紮城鎮的當地居民來說，就像狩獵者獵殺獵物，難怪惡名昭彰。

帝國為防止暴力做出了許多努力，但其中並沒有包括指派軍官或官員。相反地，政府對暴力犯罪的反應是：想盡辦法將捉捕到的罪犯處以極刑，殺雞儆猴。正如一條法律所規定：「各地政府當權者都認為，惡名昭彰的盜賊應該被就地正法，處以吊刑，以遏止人民犯下同樣的罪行。」當權者還認為，這種可見度高的報復性懲罰，對受害者親友是一種「安慰」，因此務必要在犯罪地點執行，這點非常重要。同樣的原因亦適用於將暴力犯罪分子丟到競技場中的獸刑。這種不成比例的重罰使我們感到震驚——所有懲罰都應該要切合罪行。但我們應記住，這是屬於現代的思維方式。直到十九世紀都認為，要把罪犯當成警惕的例子，嚇阻人民。因為不可能抓住所有罪犯，但社會相信以極其殘忍的方式來懲罰罪犯，這麼做有望影響所有具犯罪傾向者的行為。

暴力犯罪的類型

暴力犯罪具有各種形式。在人類社會中，謀殺普遍受到譴責，羅馬也一樣。羅馬法律確實已理解預謀殺人和意外殺人之間的區別。如果有人用劍砍另一個人，這樣做的意圖毫無疑問是為了殺人。但如果是在一場爭鬥中，一名男子用浴池中的銅壺打了另一名男子，即使武器是由金屬製成，也不會構成謀殺，施加的懲罰會比較小（*Digest* ***48.8.1.3***）。我們還會看見，在某些情況下，殺死竊賊可能不致受罰，與我們今日常在報章媒體中讀到的家暴或闖空門竊案並無不同（受害者正當防衛而殺死竊賊）。

令人驚訝的是，羅馬帝國中許多暴力犯罪是發生在地方社區那種面對面的環境下。西元四七年，一份來自埃及的訴狀，描述一個牧人和他僱用工人之間的爭執，工人聲稱被欠薪。他說，老闆先說話侮辱他和妻子，然後不顧妻子懷孕，不停打她，導致孩子流產。後來妻子無法下床，並有失去生命的危險（*P.Mich.* ***228***）。此文獻讓我們非常清楚認識了羅馬人居住的競爭世界，那裡沒有和睦相處的鄰居關係。相反地我們發現，在羅馬社會中，每個人都固執地抓緊著自己僅有的一切，同時也願努力做任何事來改善命運。但值得注意的是，這個世界的經濟成長並不迅速，絕大多數居民的生活水準可能只夠維持生計。由於資源不足，

很容易遭受經濟衝擊。因此，這種社會背景孕育了一種競爭激烈的景象——由於缺乏資源，會將鄰居視為競爭對手，而非可以分享的朋友，這並不足為奇。

在另一份訴狀中我們還得知，有人對官員赫拉克利德斯（Aurelius Heracleides）的財產進行了某種復仇的暴力攻擊。有一次他出差，有隻驢子跑掉了，因此鄉親組織了一個搜索隊，但他們找到驢子時，驢子已被綁起來殺死了，推測是附近對這位官員懷有怨恨的人所殺（*SB 6.9203*）。另一個例子，有個女人向百夫長報告，她的丈夫涅梅西翁（Nemesion）是一名稅務官員，他於西元二〇七年三月二日下午離開位於費拉德菲亞（在現在的埃及法尤姆）的家，自此失蹤，幾次搜索都沒有結果（*P.Gen. 17*）。他的命運仍是個謎，但暴力結局似乎最有可能。

這種一連串的肆意破壞性暴力，貫穿於埃及的史料中。一名男子報告，他在新托勒密村（New Ptolemis）附近的曬穀場，被不明人士放火（*BGU 2.561*）。另一個叫做佩特瑞斯（Petsiris）的人，抱怨他被帕吐紐恩（Patunion）打一頓後，才發現是因為自己騎著騾子走過人家剛種好的菜田（*P. Mich. 5.229*）。許多爭執都聚焦在土地權利上，這種鄰居間的衝突會永久破壞關係。有條法律提到，有人會在夜晚偷砍果樹，這往往是鄰居出於嫉妒或憤怒，對當地對手所進行的惡意攻擊。兩相對峙下，很快就會出現暴力。西元二一八年，阿芬奇斯（Aphynchis）控訴糕餅師傅阿奇留斯（Achilleus）打傷了他的女奴，嘴唇都破了。他前去

理論，「和他討論所做的可恨醜事」，倆人很快就開始互毆。阿芬奇斯聲稱：「然後他也打我，不僅暴力相向，也咒罵我，甚至還丟石頭打中我的頭」（*P. OXY. 33.2672.II-18*）。從這些訴狀顯見的是，人們發明了不少相互攻擊的方式：劍、棍棒、家具、拳頭以及文字。

我們可清楚看見，在許多訴狀中，還明顯體現出一種強烈的不公平感，以及對罪犯不文明和不被接受行為的憤概。原告經常會詳細說明自己所受的創傷，並要求懲罰違法者。訴狀中經常可見兩個字，分別是希臘文代表武力或暴力的「*bia*」，以及代表自大傲慢的「*hubris*」。另外還有一個常見的形容詞，描述被告的行為「像強盜」。受害者覺得自己所受待遇遠低於同樣地位應該有的程度，違法者亦無視於文明團體生活的不成文規則。然而，抱怨與投訴的高頻率表明，以暴力和傲慢的態度行事也是生活在埃及小城不可避免的一部分。暴力的發生，通常是在彼此認識的人有所爭端時，但也有時是隨機發生。如果一個人遭劫，且因為設法反抗而被打，這是否因為他知道，如果放任財產被奪取，從此就再也無法奪回？因此這是否反映了你必須努力保衛自己所擁有的東西？或者這些原告是為了給法官留下深刻印象，因此加油添醋強調案件的嚴重程度？三者皆有可能。但這在在顯示出地方團體地位的重要性：即使是輕微的傷害，都被視作非常嚴重。在這個世界中，人人都在爭奪地位。

羅馬城也為我們提供了街頭生活的暴力面證據，分量可謂與埃及相當。哲學家塞內卡（Seneca）警告，下流階級更有可能「使用武力、爭吵，一言不合便打架，肆意發洩憤

怒」（《論仁政》*On Clemency* **1.7.4**）。同樣地，歷史學家阿米阿努斯（Ammianus）描述了四世紀時，羅馬人在公共場所暴力爭執的情景，其中有些與賭博有關，特別是在酒吧裡（*Histories* **28.4.28-31**）。例如龐貝城薩菲烏斯（Salvius）的酒吧有這樣的畫面：打架的賭徒被老闆趕出酒吧。狹小、品質不良的城市生活條件，很可能加劇人們的暴力傾向。有時候發生打鬥是因為人們覺得必須護衛個人名譽，也就是說，他們覺得自己在地方上的地位和名譽受到攻擊。西塞羅認為，一般的羅馬人，榮譽感雖不如精英，但仍受其驅使（*Divisions of Oratory* **91-2**）：「沒有人如此粗鄙，以致於不受羞恥和侮辱所驅動。」事實上，每個人都非常關心他們在地方團體的名聲，努力保衛自己的榮譽。

地方團體之間的競爭和對抗，確實會變得險惡。塔西佗（Tacitus）寫出兩個例子。一個例子來自於西元五九年龐貝城舉行的角鬥士表演，他稱為「角鬥士表演的微不足道事件」（*Annals* **14.17**）。附近紐塞利亞（Nuceria）市民和當地人從互相嘲弄開始，然後是辱罵、互扔石頭，最後演變成拔劍的流血事件。另一例位於現在的利比亞海岸，是關於伊爾城（Oea）和理普提斯城（Liptis）兩城之間的鬥爭，原本只是不同族群互相偷竊農作物和牛隻，後來衝突升級到爆發戰爭的地步。伊爾城比較小，他們找來加拉曼特人（Garamantes）——這是生活在帝國邊境的兇猛部落——結果造成理普提斯城的重大傷亡，只能躲避在城牆的保護之下（*Histories* **4.50**）。這些都是極端的例子，像塔西佗這樣貴族階

級的歷史學家，原本對一般人民沒有特別興趣，卻認為這件事值得記錄。然而我們知道，即使對鄰人展現忠誠度，也可能導致悲慘事件。

有一種暴力犯罪形式，屬於一些鄉村地區的地方性問題，就是土匪。為了抵禦土匪的攻擊，富人出門旅行都會帶著隨從。很明顯地，卑下的人無法負擔護衛，但他們可以想辦法跟隨這些富人一起出遠門。愛比克泰德（Epictetus）便建議，有安全意識的旅行人士，如果聽說路上有土匪，不要隻身出門冒險，要等待大人物出門，例如大使、總督或官員等，旅途就可以保平安（*Discourses* ***4.1.91***）。即使如此，重要人物仍會失蹤。小普林尼記錄了百夫長羅布斯圖斯（Robustus）如何消失無蹤，還補充說，同樣的事也發生在老同鄉克里斯普斯（Metilius Crispus）身上：「不知是被奴隸殺死，還是被土匪殺死，沒有人知道。」（*Letters* ***6.25***）。西塞羅在寫給朋友阿迪克斯（Atticus）的一封信中，抱怨沒有收到另一位朋友昆克圖斯（Lucius Quinctus）的信，因為他遇到搶劫受傷，倒在路邊（***7.9.1***）。

不讓敵人離開視線

遺產也可能是暴力罪行的原因。在一起案件中，有位婦女名叫塞亞，傳給兒子提提烏斯五磅金，兒子卻告發母親謀害父親致死。訴狀還沒送到法庭上，塞亞便去世，死後才還她

清白。於是法院討論，塞亞的其他繼承人是否有義務要承擔她兒子錯誤指控所產生的費用（*Digest* **34.4.31.2**）。如一般所見，問題在於，這個例子是否只是反映一個假設的情況、一個例外的情況，還是反映了更常見的社會問題。這當然值得考慮制定另一條條款，規定藉由犯罪所獲得的任何財產都不應保存，例如「他可能就是造成親屬死亡的罪魁禍首」這種情形。

毒藥是一種常見的謀殺方式（如*Digest* **48.9.7**）。《阿斯特蘭普斯克斯神諭集》（*Oracles of Astrampsychus*）中有個問題是：「我被下毒了嗎？」這本神諭集是由九十二個問題組成，煩惱的原告可以向神詢問這些問題，指示他們應採取何種行動。這份神諭廣受推崇，僅在埃及的垃圾堆中就發現了十份，羅馬帝國滅亡後，基督教版本的流傳更是廣泛。每個問題都有十個可能的答案，在有關毒藥的問題中，十個答案中有四個是肯定的。雖然這個比例並不表示實際中毒的可能性，但它確實顯示，人們在感覺不適時，容易疑神疑鬼，懷疑自己被謀殺。

這種懷疑具有特別值得注意的意義。狄奧講述了圖密善皇帝時代，有一個地下團體，他們的生意是在針頭上塗抹毒藥，然後刺殺目標，也就是付錢買兇。許多人在不知道原因的情況下死去。這不僅發生在羅馬，還遍及整座帝國。狄奧聲稱在康茂德（Commodus）統治期間曾發生類似的中毒事件（**67.11; 73.14**）。這實在令人好奇。但可注意到兩個事件都發生在瘟疫爆發、死亡率上升的期間，無須直接歸咎於有人策劃大規模謀殺事件。在圖密善時代

的案例中，人們表示這種現象實際上發生於帝國各地，再度顯示原因應更為普遍，例如自然疾病，而非整個帝國都爆發惡意的毒殺事件。

也許這顯示，當發生一連串無法解釋的死亡事件，人們自然反應是歸咎於幫派，羅馬人對幫派犯罪的恐懼甚為顯著，就像今日我們對幫派也同樣害怕。是否真有那麼多幫派份子？其實很難說，因為證據薄弱，但他們不太可能必須對這些下毒的嫌疑負責。

暴力亦普遍存在家庭內部，無論是對奴隸、兒童還是女性。羅馬神學家奧古斯丁描述許多婦女臉上都留有挨打的傷疤。奧古斯丁的母親說，他們應該把婚姻誓言想成是「成為奴隸的手段」，並告誡女性「不要對她們的主人無禮」（*Confessions* **9.9**），因為大眾普遍都接受丈夫的暴力行為。有個古老的故事說，主教伊格納久斯因喝酒而毆打妻子，這種作為竟得到讚賞（Valerius Maximus *Memorable Deeds and Sayings* **6.3.9**）。從一些訴狀中還可嗅到男人恐嚇女人的味道。在西元三八一年的一篇訴狀中，一位名叫奧里利婭的女人投訴與一位「想要終結我性命」的男人發生激烈爭吵，男人「頤指氣使對著我的臉叫罵」。可以想像，他的臉簡直是貼在了女人臉上（*P. Mich.* **18.793.2-5**）。

但女性也會扮演攻擊者的角色。有訟文說，一位廚師安格斯．戴蒙的妻子蒂蒂姆，如何在一天晚上來到原告家中，「她找到我，當時我和家人都站著，她便對我們高聲叫罵，有些話我都說不出口」。原告表示對攻擊者的看法：「她簡直是個無恥到極點的女人，滿口謊

言」。爭執愈演愈烈，「她激動到精神失常，攻擊了我，她本性就脾氣暴躁，還打了我，咒罵了站在我身邊的幾個孫女」（*SB 6.9421*）。值得注意的是，我們只看見這個故事的一面，而且事件有誇大之嫌。受害者指出這場攻擊毫無理由，但想必背後是有故事的。同時有趣的是，它將攻擊者描繪成一個刻板印象的壞女人——瘋狂、暴力，滿口髒話。也許這是讓男法官起訴的方法？但無論如何，這些案例每一個都與現代暴力攻擊事件並無大不同。通常我們很難從兩個相互矛盾的版本間決定孰是孰非，但可確定羅馬帝國肯定是一個家庭暴力普遍存在，且大體而言被接受的世界。

另一方面，古代作家則特別關注性侵，但這種關注並非源於對婦女安全的關懷。相反地，是因為女兒要在父親的指導下成為家庭的一份子，對她的任何攻擊都代表對其父親品德和榮譽的攻擊，以及對整個家族的攻擊，甚至可以延伸到對社會團體的攻擊。正如一條法律明文指出，就算女方的父親願意原諒性侵犯對他所造成的傷害，性侵犯也應受到懲罰（*Digest 48.6.5.2*）。即便父親願對女兒所受的攻擊寬恕以待，這種罪行仍公認為是在挑釁社會秩序的結構，因此對父親品德所遭受的攻擊，社會必定會懲處。有一種人們公認可接受，且完全合法的性侵——主人對奴隸的性濫權。在阿提米多羅（Artemidorus）的解夢書中，夢見與奴隸女孩發生性關係，表示作夢者只是想要從資產中獲得樂趣。

關於暴力犯罪，人們會很想要用其他比較數據來闡述羅馬可能有過的經驗。但有個問

題是，不同社會的犯罪率差異很大。例如，在現代的第三世界中，許多城市與古羅馬具有相同的特徵，但謀殺比例卻低於許多美國城市。另一點則是羅馬的特殊之處。是的，羅馬是個工業革命前的城市，但除了中國以外，它比其他所有工業革命前的城市都要大得多。中世紀時期，表面上看來與古代有相似之處：普遍貧窮、高度不平等、低度警衛維護治安。但中世紀的數據與古代相較，問題並沒有比較少。一位歷史社會學家認為，中世紀倫敦的年度謀殺率，每十萬人口約有五十人（現在不到兩人）。問題在於，目前尚不清楚倫敦從前的人口有多少。估計十四世紀的倫敦人口總數是三萬五千到十五萬不等，無法確定的原因是，我們不知道大多數建築物的人口密度。以最高人口估計值，會將謀殺率降低到十萬分之十，高於今日的倫敦，但低於許多美國城市。也許最大的單一差異是現代具有急診醫療照護的便利性。現代容易處置的傷口，在古代卻會死亡。將羅馬與其他社會比較，往往具有風險，再加上犯罪，問題要比一般更大。

如果我們想要獲得羅馬犯罪的統計圖，古代史料並無多大幫助。頂多只能強調一些特點：對人的暴力行為至少可能與財產相關的犯罪一樣普遍。這反映了財產所有權的程度低得多，也反映了這個社會在個人關係中對於「使用暴力」的接受程度較高。暴力不管在鄉村還是城市都一樣普遍，但形式不同。鄉村是結夥，城市是單獨行動。富人較少遭受暴力，因為他們可以付錢買保護。城市中貧民的居住環境很擁擠，為犯罪分子提供了大量機會。羅馬的

人口是呈垂直而非水平分布，表示當時城市土地並沒有根據地位和財富分為不同區塊，中產住宅建築物與宏偉的城市別墅比鄰，沒有犯罪禁區。婦女受到的侵犯不僅來自外界，也來自家中。

虛構的罪行

在我們所持有的證據中，有一種很有趣——法律學校中富裕階級年輕人所用的法學教材。這些文本稱為演說（declamation），是高等教育的骨幹。學生受邀對虛構的法庭犯罪事件，以原告或被告的立場來發表演說。主題涉及各種恐怖暴力犯罪，包括謀殺、中毒、誅殺暴君、殺嬰、殺兒童、酷刑、性侵、虐待妻子和奴隸等。以下是弗拉克斯（Calpurnius Flaccus）演說中的一例，他是二世紀上半葉的雄辯家。有一個年輕男子約定要與一個女子結婚，卻遭到女子母親反對，表示除非她死，女兒不會嫁給他。然後女子死了，調查有中毒的情況，於是女子的父親嚴刑拷打、審問了家奴。後來有個女奴承認，與女兒訂婚的年輕男子，和女兒的母親發生了通姦事件。於是父親指控是妻子毒死了女兒（*Declamation 40*）。

這些演說經常把女性描繪得很負面，性侵受害者表現出一種殘忍的復仇慾望。令人震驚的是，婦女有多常成為性侵的受害者。有個案件是關於一個女子拒絕對她的痛苦表示意

見，在治安官面前，她只是一直安靜地哭泣（*16*）。在審判期間，她受到辯護律師的交叉盤問，律師述說被告儀表高貴，表示他是一位優秀的年輕人，任何父母都希望能有這樣的兒子或女婿。事實證明，被告已向女子求婚，但不耐煩等待。律師說，他只是一個典型的情人，而且，「該怎麼說呢，是說他性侵了她，還是先入了洞房？」畢竟，她沒有提出任何正式的投訴。儘管她拒絕提供證據，但治安官卻將處死了性侵犯，造成女子發狂，最後自殺了。這雖是一個虛構案件，卻清楚顯示了羅馬男性不在乎性侵的態度。正如一位律師在另一個虛構的性侵案中所說：「妳真的受到什麼痛苦嗎，女孩？所以妳失去了童貞，這在妳這個年齡層很平常，說不定妳還急著想要趕快失去童貞呢！」（*43*）

就現代人聽來，這些盤問非常荒謬。從某種意義上說，羅馬人卻可能是贊同的。塔西佗卻不以為然，他認為這些演說過於荒謬，主題「脫離現實太遠」，每天在課堂上討論的東西很少能在法院中運用（*Dialogue on Oratory 35*）。為何如此？可能因為教材的主題是面對十幾歲的男孩。雄辯家也必須吸引學生，因此駭人聽聞的內容是鼓動演說的一種方式。並且毫無疑問，這些主題錯綜複雜的性質，確實能夠促進心懷抱負律師的法律技能。

或許我們更能看見的是，這些誇張的演說是用來訓練帝國的精英。這樣的演說過程，有助灌輸統治階級的社會價值觀，並顯示出人們對富裕男性的想像，他們所關注的重點與現代讀者大不相同——羅馬人不關心受害者的感受，不願嘗試尋找適當的證據，卻窮究受害者

背後的家庭發生了什麼，並且相信他們有能力對他人的人格做出道德判斷。

對暴力的態度

西塞羅描述，當多米提烏斯（Lucius Domitius）駐紮西西里島，有人獻上一頭巨大的野豬。多米提烏斯驚訝於野豬的體型，他問是誰殺的。有人告訴他，是一個牧羊的奴隸。多米提烏斯召喚牧羊奴，牧羊奴則熱切期待自己會獲得獎勵。多米提烏斯問他如何殺死如此巨大的野獸？奴隸回答說，「是用狩獵長矛」。多米提烏斯便將他釘在十字架上處死，因為奴隸不准攜帶武器。西塞羅亦承認：「看來或許嚴苛，但多米提烏斯慣於採取殘酷的懲罰，也不願忽略任何犯行而有虧職守」（*Against Verres* **2.5.7**）。這故事所暗示的，還有其他許多的證實，都證明羅馬人對暴力的看法並不同於我們現代人（至少是我們大多數人）。對我們來說，暴力令人厭惡，是野蠻行為。但對羅馬人而言，暴力卻是文明秩序的關鍵。

然而，即使在處理奴隸事務時，暴行卻也有所侷限。在狄奧《羅馬史》（*Roman History* **54.23.1**）中，波利奧（Vedius Pollio）的故事顯示，嚴苛的懲罰是眾所接受的，而偏激的虐待則不然。奧古斯都皇帝阻止了波利奧把一個奴隸男孩扔到食人鰻的池中，因為男孩犯的罪只是砸碎了花瓶。這可謂一大進步！然而不僅如此。克勞狄烏斯根據奧古斯都的行

為，更進而宣稱，一時興起殺死奴隸是非法的，同時奴隸也得到合法上訴權，可以申訴自己受虐的境遇。所以這是否表示皇帝想要改善奴隸的狀況？我不會這樣說。較合理的推論是，隨著皇帝深入探討生活的各面向，人們只是希望皇帝能指導應該在哪方面設限。無論是在羅馬還是一般生活中，一個好的經驗法則是：凡是可以用鞏固權力的簡單方式來加以解釋者，就不要將其歸諸改革的熱忱。

羅馬人認為，最應該嚴厲懲罰的罪行，是奴隸殺死主人。西元六一年，羅馬省長佩達尼烏斯（Pedanius Secundus）被殺死的案例，點出處置的嚴重性。佩達尼烏斯被自己的奴隸殺死，不是因為他違背協議，沒有放奴隸自由，也不是因為奴隸愛上主人最愛的女奴，但不願放手。根據一條古老的法律，佩達尼烏斯所有四百名家奴都要被處死刑，因為未能阻止謀殺。關於這一點，事情變得有趣。當這四百位奴隸遊街赴死，馬路上擠滿了羅馬群眾，人們設法堵住去路，甚至開始圍攻元老院。元老院因此進行辯論，有鑒於機構的保守性，雖有許多人反對執行傳統的懲罰，但無濟於事，元老院依然決定處死這些奴隸。這個判決並不令人驚訝，但值得注意的是，這個判決如何違反了一般羅馬人天生的正義感，導致他們堅持抗議，最後造成釘十字架的刑罰只能在武裝警衛維護秩序下進行（Tacitus *Annals* **14.42-5**）。

懲罰不只是傳統的選擇，也是不錯的行為經濟學。當主人被謀殺，連坐所有家奴，可驅使奴隸向主人報告任何值得注意的陰謀，還能確保奴隸受到攻擊時更可能去幫助他們的主

人。這就是為何在現存資料中，主人被殺的報導極其罕見——或許是因殘酷的法律，成功嚇阻了奴隸族群，也可能是資料來源只記錄了一些備受矚目的重大案件，相對謀殺主人的案件則不那麼顯眼。無論原因為何，都沒有太多關於這種案件的紀錄。

儘管有民眾反對佩達尼烏斯的奴隸處決案，但司法暴力似乎是公認可接受的。對現代讀者來說，在法律訴訟程序中刑求奴隸的慣例，可謂最令人震驚的一種司法濫權，但羅馬法庭卻視之稀鬆平常。一般公認，奴隸道德太低，無法相信他們會說真話，因此刑求可視為讓奴隸說真話的一種方式。羅馬人確實理解，需要謹慎對待在酷刑下獲得的證據，但奴隸為了不受折磨而說謊的例子，無損於羅馬人認為刑求所帶來的好處，所以羅馬法庭的氣氛是緊繃的。根據現存的訴訟紀錄（由當時法院書記官所作），我們能嗅得一些那種審訊的味道。其中一件案子可以追溯到西元一三六年（*P. Oslo 2.17*），埃及帕洛斯派區（Prosopite）治安官審問被控砍倒葡萄樹的兩名男子：

治安官：「你對這些男人說了什麼？」

證人：「被告在半夜離開了飲酒集會，然後又回來，說他們砍了仍姆特（Imouthes）的葡萄樹。」

被告：「他的指控根本無憑無據！」

治安官：「你見過他嗎？時間？」

被告：「是的，但他根本沒聽過我們說這樣的話。」

治安官：「如果你問心無愧，為什麼在你的名字被公布之前，你沒有出席審前檢查程序？」

被告：「我們在另一個很遠的莊園工作。」

治安官：「你攻擊這個莊園的原因就是哈洛尼斯（Haronnesis）所說的。」

治安官下令刑求他們，並說：「認罪吧！」但他們堅決表示沒有砍葡萄樹……

治安官：「務必確保這兩位能夠提供充分的認罪證詞，以便偉大的副總督閣下大人問起時，能夠沒有任何破綻。」

我們幾乎可以聽見慘叫聲在書頁間迴盪。

羅馬確實設法在法律脈絡中去控制暴力的使用。任何人若以武力方式追究其法律主張，都將喪失對此主張的任何權利。根據皇帝馬可．奧里略（Marcus Aurelius）在西元二世紀所頒布的法令，債權人若在債務催收等事項中使用武力，就只能在獲得法院命令後才允許扣押債務人的資產（*Digest* ***48.7.7***）。在諸如盜墓等案件中，攜帶武器也被視為一個加重罪刑的因素，懲罰是流放到礦區，終身挖礦到死為止（***47.12.3.7***）。

然而，在羅馬帝國的廣大範圍中，暴力無所不在。例如，競技場的暴力娛樂是社會的中心。競賽需要穩定的罪犯供應，才能滿足需求。會被定罪送到競技場的罪行，包括謀殺、叛國、搶劫、縱火等，如果你是奴隸，逃跑也算。人們公認最好的罪犯，是那些身強體壯、知道如何戰鬥的人。一場活躍的半合法交易似乎就發生在這些人身邊，莊家要為這場大秀購買最好的角色。中央當權者設法阻擋，認為應將最好的罪犯送到羅馬參加當地的競賽，而非在各省直接交易（*Digest* ***48.19.31***; *Philostratus Life of Apollonius of Tyana* ***4.22***）。

觀眾們也熱愛暴力。一場競賽秀的宣傳甚至宣稱將「殘酷地」殺死十隻熊。僅僅死亡還不夠，懲罰還可用神話的表現來增強娛樂效果。有一次，一名被判刑的罪犯被打扮成希臘神話音樂家奧菲斯的模樣，從競技場的地底走上來，他身邊都是野生猛獸，就像神話裡描述的一樣，猛獸對他的七弦琴演奏反應溫順。由於要在競技場上出現，野生動物都會接受訓練；北非有一幅馬賽克圖畫，描繪了一個稱為鐵勒吉尼（Telegenii）的公會，專門訓練成員捕獲獵豹幼仔，以攻擊人類戰士。類似的事也發生在這裡：奧菲斯能夠讓眼前的野獸平靜下來一段時間，然後，訓練師會發出一個暗號，於是這個可憐的人就被一隻熊撕裂了。群眾喜歡這種戲謔著名神話的情節，人人都知道暴力的結局終將來臨，但這種鋪墊無疑讓表演更增添了樂趣。

羅馬人對暴力的接受程度，擴大到以拋棄或殺死的方式來除去不想要的新生嬰兒。許

多缺乏有效避孕方式的工業化前社會，對這種做法視而不見。一八六三年至一八八七年間，英國有一項統計數字顯示，在所有殺人刑案中，殺嬰的比例為61％。這對我們是震驚的，但是出生後再把嬰兒扔掉，可能比懷孕墮胎安全。從一封殘存的埃及信件中，有一位離家很久的父親告訴懷孕的妻子，如果她在自己回家前生產該怎麼做：「男孩留下來，女孩就丟掉」（*P. Oxy.* **744**）。但我們無法得知這種做法是否很常見，畢竟少有曝光的參考資料。在一些考古遺址中曾發現大量的嬰兒骨骸，但可能是與特定類型的建築物有關，例如妓院。

儘管羅馬人接受殺嬰，也公諸於世，卻不願談論閹割。皇帝圖密善禁止閹割，這很奇怪，因為根據狄奧的說法，圖密善自己就很喜歡一位名叫仍律努斯（Earinus）的太監（***67.2.3***）。閹割的奴隸男孩不會有青春期，他們會保持兒童般的外表，因此售價更高。為什麼？因為主人擔心男奴會讓家中女性成員懷孕，而且他們可以當寵物。但無論賣點為何，一定都有說服力，若禁止國內生產只會導致進口增加。

暴力心理學？

今天我們經常會談論，恐懼是人們犯罪經驗中的重要因素，羅馬人也不例外。以現代意義來說，犯罪的恐懼表示超出客觀風險不成比例的焦慮程度，屬於一種病態。在羅馬帝

國，人們擔憂成為暴力攻擊的受害者，這種擔憂並非不合理，只是缺乏任何實際數據，推測不易。不過清楚的是，羅馬人具有兩種不同性質的犯罪恐懼。第一種非常真實——害怕自己被控犯罪。羅馬法律的資料顯示，有些被控訴犯下某些罪行的人會自殺（*Digest 48.21*）。對大多數人來說，法律是一種可怕的制度程序，設想自己身陷其中，足以讓一些人奪走自己的生命。第二種恐懼是普遍存在的擔憂——一個人即將墮入犯罪的生活，而非受害者。對掙扎在溫飽邊緣的人來說，這表示他們可能永遠只能想辦法運用非法手段來支持卑微的生活，還有隨之而來的各種負面結果。

然而人們似乎認為，政府堅決的懲罰令人安心。戲劇性的公開處決，重申人民的共同價值觀，將他們緊緊連結在一起。觀看競技的群眾，對被判刑的罪犯毫不在意，認為這是他們應得的命運。詩人馬錫爾（Martial）曾描述如何支解一個男犯的肢體，以及掉出的內臟。儘管沒有人知道這個死刑犯犯的罪是什麼，但詩人堅信這是他應得的（*On Spectacles 9*）。在一些社會中，這種野蠻的懲罰，會在罪犯和同情他們悲慘命運的人之間建立關聯，但羅馬則幾乎沒證據顯示有這種情形。犯罪分子的暴力行為，有助加強羅馬主流社會的規範，這種規範要求對那些膽敢違反法律的人進行公開的身體懲罰，以便向大眾保證社會秩序穩定、價值觀得到維護。

暴力的運用程度，反映出個人的地位。懲罰社會地位較高的人，往往採取流亡的形

式；地位低的人則是鞭打。體罰的傷痕會成為一種強力的象徵，確實標出那些違反社會行為、不被接受的人。如此亦會引發很大的焦慮。被打的人要在城中遊街，向大眾展示傷痕，這是一種深刻的羞辱。四世紀的雄辯家利班紐斯（Libanius）敘述羅馬總督曾在穀物歉收期間，鞭打過一些牟取暴利的麵包匠：「我聽見鞭子的聲音，對群眾來說真是美妙，大家都歡欣鼓舞地看著鮮血淋漓的背」（*Oration* **1.208**）。鞭打豁免權與有無羅馬公民身分相關（儘管這種特權在帝國統治下不具多大意義），相較之下，鞭痕和烙印的傷疤告訴人們，他們看到的是一個奴隸、曾經的奴隸或罪犯。

法院的處決可達成數個目標。它是藉由永久性地將罪犯從社會中移除來維護大眾安全；它可阻止其他人犯下同樣的罪行，並使社會在受到罪行損害後，恢復尊嚴。羅馬人自己也認識到這些法律的目的。二世紀作家格利烏斯（Aulus Gellius）認為，懲罰的存在是為了糾正和改造，可在維護受害者尊嚴同時也威懾其他人。《法學匯纂》開宗明義便強調，法律亦具有鼓勵美德的積極作用（*Digest* **1.1.1**）。羅馬法律系統或許對很多暴力犯罪的反應很慢，但當它確實發揮作用，便是拿定罪者作為眾人的警戒，並用暴力作為媒介，確保以最引人注目的方式讓所有人都能了解。我們雖不見得贊成這種暴力，但也許這是當時極限下的務實回應。對逮捕率低的重大罪行，殘暴的懲罰算是一種報償，就像樂透中獎率很低，但可贏得大額的累積獎金一樣。除了將那些被逮捕的少數罪犯施以恐怖的刑罰，根本沒有其他足夠

的處理資源和辦法。

暴力皇帝

那麼，我們該如何評論尼祿在街上攻擊平民的故事呢？我們可能永遠都無法知道這些事是否真的曾經發生過，但可想見這是值得流傳的，主要是因為可藉此看見精英階級最敏感的按鈕是如何被觸動。這位皇帝與人民關係太近。尼祿與元老院失和，所以他轉而期待自己在羅馬人民中的聲望，以便為自己的政權提供正統合法性。與其描述尼祿如何親近平民百姓，倒不如以這種方式更好。在月黑風高的羅馬，他在陰暗的街道上行動，這是羅馬紳士們所最不想去的地方。羅馬城的這一面，代表當時社會的一切壞事——一個暴力猖獗的世界，人民失控的地方，創建羅馬帝國的傳統美德早已在此消失。但也許最重要的是，這位流氓皇帝擔任一位非法統治者的象徵，也應像個普通的罪犯一樣，行為受到懲罰。

尼祿隨機選擇受害者進行攻擊，投射出他對所有貴族的暴力行為。他個人的野蠻行為亦反映了他的政權。法律制度的掌控者，自己卻違反法律，這件事實象徵著在他領導下，社會秩序的崩潰。我們或許會覺得這個故事相當愚蠢，但對羅馬最高層的許多人來說，在尼祿眼皮底下討生活，卻是可怕的經驗。尼祿的流氓形象是一個簡潔有力的方式，可在一個簡單

的故事中傳達所有的焦慮。我們不知尼祿的行動是否真的如此，但在某種程度上，這並不恰當。對閱讀文章的貴族讀者來說，將尼祿描繪成一般的惡棍是有意義的。這樣粗俗下流的掌權者，簡直荒謬得離譜。事實上，真正的問題是，尼祿沒有表現得像個精英。

文獻中有一例，我們可以從中大致認識一般人對尼祿涉嫌西元六四年羅馬大火的想法。倖存者的紀錄大大強調受害者的可怕經歷。據說尼祿有一個心腹，他假裝喝醉酒，到處放火，並且用「超乎尋常的怒火，震懾了所有公民」，以致於「他們在不同的方向跑來跑去，好像瘋了一樣」（Dio *Roman History* ***62.16-18***）。塔西佗特別著重描述群眾的命運，他說，一聲巨大的倒塌，許多人都不能呼吸，只能在絕望中互相踩踏，逃避火焰，他們找不到逃脫的路，「因為古羅馬街道典型都是狹窄彎曲的小巷子」（Tacitus *Annals* ***15.38***）。許多人恐慌得都發狂了，不知道自己跳入「火焰」。塔西佗重點描述這些，是因為他特別關心百姓的命運？或許在某種程度上，這似乎也是一種強調羅馬人民在壞皇帝尼祿統治下遭受巨大苦難的一種方式。尼祿被描寫成暴力罪犯和縱火犯。塔西佗的歷史是為其他精英所寫，而非一般閱讀大眾。在他的敘述中，人民的角色作用在於揭示位高權重者的弊端。我們困在一場精英文字遊戲中而不自知。

奧古斯都與尼祿相反，他是一位建立安全和秩序的皇帝。在共和國內戰結束後，呈現無王法狀態，犯罪和幫派猖獗，多半都是由敗戰將軍麾下逃散的士兵所組成。蘇維托尼烏斯

（Suetonius）說服我們，是奧古斯都派遣軍隊到亂賊肆虐的地區，並發布禁止令，關閉那些組織犯罪的集會團體，以制止這種掠奪行為。接著他改革法院，並終結時間過久的長期案件——這些案件只是出於個人恩怨原因而被追究（*Augustus 32*）。同樣地，這些描述大部分可能是正確的。但對蘇維托尼烏斯來說，重要的原因在於，它反映出一個領導者想要恢復社會秩序，以及法律系統支持並反映此情況。

我們能否重建羅馬暴力犯罪的任何實際情況？訴狀是有用的，我們可從中聽見社會底層的聲音，雖然這無法單純被視為某種古代的受害者陳述。但事實上似乎就是這樣，社會普遍傾向於階級制度和競爭，且經常以暴力展現這種傾向。今天，我們傾向於希望能找到和平解決爭端的方法，並認為暴力是此過程中崩潰的症狀，但在羅馬則公認暴力是解決爭端的正確方法。暴力通常會以儀式化形式出現，能產生強大的集體意識。從某種意義上說，它可能扮演著正面的社會作用。

多數羅馬人都居住在充滿恐懼的世界中，暴力在家中和周圍環境一樣普遍，就像葡萄酒和橄欖油一樣。警力只有最低限度。政府從未想過要採取更多措施來保護個人免受暴力犯罪的影響——官員們只願意處理可能威脅社會秩序的暴力。羅馬人在沒有警察的情況下，只能求助於家庭，以保護自己免受暴力犯罪分子的殘酷攻擊，當他們遭受暴力，除了做鬼臉和忍受，別無選擇。畢竟，一個從戰爭中獲得榮耀，甚至在競技的野蠻娛樂中頌揚武力精神的社會，對日常的暴力生活習慣應該不覺得哪裡有錯，所以這點也就不足為奇了。

From Petty Theft to Grand Larceny

第 2 章｜從竊賊到江洋大盜

如果有一種罪行可以讓大家更了解古羅馬人的日常生活，那就是竊盜。諷刺作家尤維諾辛辣地將羅馬描述為一個被闖空門、扒手和體面小偷所糾纏的城市。儘管我們對他的證詞有所懷疑，但其他證據顯示，他的描述並沒有太大錯誤，羅馬確是一個難以維護自身財物的地方。事實上，竊盜在整個帝國都很普遍。一張來自古埃及的莎草紙，描述小偷如何在房間的天花板上鑽一個洞，進入上層的儲藏室。在這一區的羅馬帝國，建築物通常是用木材和簡陋的泥土磚建造，因此對潛伏的竊賊來說，牆壁和天花板通常沒什麼阻擋作用。一個例子是，有人在街上挖通了一幢建築物的牆壁，偷走裡面的羊。另一個例子，小偷在晚上取下大門的釘子，受害者抱怨：「趁我女婿喪禮，我去致哀不在家時，他們把所有東西都帶走了」

（*P. Tebt.* **2.332**）。

這幾個例子突顯出了羅馬小城的盜賊不少。不過事情並非完全如此。電影《神鬼戰士》中，二世紀的皇帝康茂德以叛國罪指控富有的元老院議員，並一一處死他們，以將他們的財產充公，納入帝國國庫。對不惜藐視自己法律的皇帝來說，這種看似合法實則竊盜的方法，是中飽私囊、增加收入的簡便方式。

富人也會做這種體面的偷竊。提圖斯・維尼烏斯（Titus Vinius）出身微寒，之後晉升為將軍，他在皇帝克勞狄烏斯所舉辦的晚宴中偷了一個金杯，玷汙了名譽，歷史學家塔西佗不齒他這種作為，說他「配得上奴隸的身分」。為了表示自己的看法，克勞狄烏斯在第二天再度宴請提圖斯等人，讓僕人們在其他賓客面前放銀器，在提圖斯面前則放陶器（Tacitus *Histories* **1.48**）。

許多竊盜都是由受害者熟識的人作案，往往是鄰居，甚至家人。這種犯罪，受害者通常距離發生犯罪的地點很近，因此不是面對面對抗，就是知道或懷疑某人是犯罪者，造成血腥的後果。

這種近親竊盜的例子很常見。來自西元一四四年的一張莎草紙，上面描述一個女子不在家時，有人從她的房子裡偷走了珠寶，她認為犯案的是她的鄰居（*P. Oxy.* **10.1272**）。一世紀時期的占星師，西頓的多羅修斯（Dorotheus of Sidon），詳細地描述盜賊的身體特

徵，認為這個人不是家裡的人，就是來過這間房子的人，「大家都認識」（*Five Books on Astrology* **5.35.76-8**）。多羅修斯甚至還運用解讀星圖的方式，說明一些竊賊因為熟知家中內情，成功複製鑰匙潛入（**5.35.137**）。之所以會發生這件事，是因為「他和家裡的人之間有友誼，他們信任他」。

有的竊盜事件則是婚姻破裂所造成。一位被拋棄的丈夫告發妻子「對我和婚姻感到不滿」，因此帶著兩個人的孩子離開了他。走之前，她拿了一些丈夫的財產：一件大斗篷、一個枕頭、一件小衣服、一個衣箱、兩件托尼卡長袍、一些罐子，各種農具。丈夫抱怨說，雖然他給孩子送去生活費，妻子仍不願歸還財物。後來他聽說，事實上她是因為一個名叫尼洛斯的男人才離開他的，還嫁給對方，他受夠了，所以決定提出訴願（*P.Heid.* **13**）。但大多數竊盜，特別是城市裡的，多半不是這種個人私事。由於羅馬城的規模巨大，相較於埃及的小村莊，對一般的犯罪者來說有更多機會，因此無須以鄰居為掠食目標。

與竊盜相關的羅馬法律，在規則上與今日有很大的不同。羅馬人對偷竊和強盜是用同樣字詞來描述，就語源來說，是屬於撒克遜語，意思是深夜闖空門。不過，他們的確對深夜闖空門的竊盜案態度會比在白天發生更嚴厲。羅馬人在竊盜上的區別主要在於是否「身分不明」或「身分明確」，即小偷是否在行竊時被抓住。這在很大程度上取決於小偷被逮捕的地點距離犯罪現場有多近，至於確切的界限在哪裡，則是屬於律師之間尚待爭論的問題。如果

你在屋外逮到偷水壺的賊，便可視為身分明確的竊盜行為，但若在幾英里之外抓住就不算，就類似於今日「逮捕現行犯」的意思。如果我轉過身來，在距離一公尺外便抓住偷拿我錢包的小偷，那就是「人贓俱獲」；如果我發現小偷在前面一條街喝咖啡，可能是賊又可能不是；但如果在警察來之前，他就已回到家，把錢包藏在臥室裡，那就沒辦法了。由於這個定義還存在時間因素，因此「現行犯」的定義變得更複雜。今天，無論我們是現場抓住正在動作的小偷，還是在一千里外的地方抓住，懲罰都是一樣的，前提是是否能證明對方的行為有「超出合理的懷疑」。然而，羅馬人對身分明確的竊盜行為，懲罰更嚴重，但是一旦超出視線範圍，有罪的程度就會下降，原因很簡單，因為羅馬人不想對可能無辜受害的人追究全部的刑責。

羅馬法律在尋找贓物上有一種奇怪的習俗——盤子和纏腰布的搜索。受害者必須在手裡拿著一個盤子，然後半裸地走進嫌疑人的房產。重點在於，拿著盤子代表不許受害者在被告的房產中接觸任何證據，或栽贓證據。這樣做也代表敬獻家神，讓家神可以幫忙揭示被盜物品隱藏的位置。理論上，受害者會找到自己被盜的財物，因此得證。事實上，這樣的程序僅用於發現大型物品或生活物品，例如馬或奴隸，但無法用在錢幣或貴重的小東西，畢竟這些物品容易隱藏，也難以判別。在大多數情況下，贓物不太可能找得到。我們可以在《阿斯特蘭普斯克斯神諭集》中一個向神明提出的問題，得到一些認識：「我會找到失去的東西

嗎？」在所有可能的答案中，有七成答覆是再也找不回來，只有三成是肯定的，在這三成中的三分之一，還要再經過一段時間才會找到。這些找到與否的可能性，顯示編寫神諭的人其實很聰明。由於一般贓物通常都找不回來，因此沒有必要給人一種印象——讓人以為贓物可能找得到。對受害者有利的是，正如多羅修斯所警示的，偷竊者大多是家裡的人（家族成員或奴隸），因此贓物較有可能找回來或歸還。

羅馬人認為，某些類型的竊盜特別嚴重，在帝國時期也變得較容易公開刑事處罰。例如，使用暴力的強盜，無論是有期徒刑或終身，可能會被判處公開勞役。但羅馬法律的另一個特點是，它並非平等地懲罰所有罪犯，而是根據行為者的社交地位來調整。「較上層社會」的強盜不會面臨嚴厲的懲罰，只是暫時降級或流放（*Digest* **47.18.1.1**）。或許「精英階級放縱自己去偷竊」這件事，看起來很奇怪，但的確會發生這種事。有個例子是，羅馬騎士打穿牆壁，偷走了錢，結果被驅逐出非洲的家鄉和義大利五年（*Digest* **47.18.1.2**）。

正如羅馬法律認為，黑夜入室行竊比白天更嚴重，它也特別指出，偷竊時攜帶大袋子的人，應受到特別嚴厲的懲罰，據悉，這是因為帶著袋子是預謀裝更多可以偷走的東西，而非遇到機會臨時起意拿走一、兩樣東西。如果一個人是偷竊牲畜的慣犯，也會面臨同樣懲處。偷竊牛馬等大型牲畜，被視為比偷竊豬、山羊或綿羊等的罪行更嚴重。對羅馬帝國來說，山上和牧場有一個真正的問題——盜賊很容易打倒牧羊人，因此牲畜對他們而言簡直是

手到擒來。羅馬對盜牛的敏感程度也反映出這個事實，即大多數律師都很富有，他們都是地主，因此在管理物業時會不斷面臨這些煩惱。在羅馬，甚至搖動紅旗也會違法——如果這項行為驚動牛群逃跑，而導致牠們被偷走的話（*Digest* **47.2.50.4**）。

此外，協助和教唆竊盜的人，公認在法律上與盜賊一樣惡劣。任何人只要明知故犯地借出工具，讓別人可以用來開門或開櫃子，或借梯子爬牆偷東西，即使自己並沒有計劃偷竊，也必須負刑責（*Digest* **47.2.55**）。同樣地，任何人只要庇護罪犯，都會被視為「最嚴重的犯罪類型」，因為他們會獲得一部分的贓款，作為刻意隱瞞的報酬（**47.16**）。但法律上確實對包庇自己家族成員的人留有餘地，因為這情有可原，而且在某些情況下也是不可避免。

羅馬的法律也試圖阻止人們從被沖上岸邊的失事船隻上偷取貨物（*Digest* **47.9**）。但一般人比較不認為這種罪行有道德上的大問題，或說至少人們會默認、寬恕這種偷盜。哈德良皇帝說，如果遇到一艘船因嚴重破損而沉沒，海邊土地的所有人，必須確保沉船上的所有物件都沒有被盜。很顯然地，一旦船隻遇到危急狀況，必定有人會嘗試帶走一些物品。也就是說，船上的人會設法將物品運到岸邊，同時也順便帶走幾件有價值的貨物。如果確實如此，那麼這種行動本身顯然就會增加船隻失事的可能性，因為水手會讓船隻無人掌舵，任其聽天由命。從法律的觀點來看，拿走沉船的貨物就是搶劫，是利用災難來獲取個人私利。這和從著火或倒塌的建築物裡偷東西沒什麼不同。毫無疑問，制定法律的富人通常也多會進行投資

貿易，因此自然會抵制想要發災難財的人。但是對船員和沿海居民來說，船隻的殘骸提供了一個可從業主事故中受益的簡單機會。畢竟，人們公認貿易是一門高風險生意，投資者的船隻在安全停靠時會獲得豐厚的回報，因此當然能承擔一些損失。一些漁民甚至會想撞沉船隻，因此故意在晚上用燈光來誘騙船員，讓他們誤以為已接近港口，實際上卻是被引誘去撞礁岩。

預防犯罪

面對如此廣泛的竊盜行為，不同階級的羅馬人都採取各種措施來保衛自己的財產。首先是身體的自衛。公民都自認必須要照顧好自己，也要照顧好自己的所有物和財產。為此，他們會依賴家族成員和鄰居網絡這種守望相助的方式，可互相監視彼此的財物。但這種軟性的監控永遠不夠。為了近距離觀察火山爆發，死於開船靠近維蘇威火山（Vesuvius）時的羅馬作家老普林尼（Pliny the Elder），他曾抱怨，羅馬平民經常在窗台前種滿鮮花和植物，以便在日常生活中平添一些鄉村味，但「無數恐怖的竊盜案」卻迫使人們開始用柵欄擋住窗戶（*Natural History* **19.59**）。

占星師多羅修斯的案例讓我們感覺到，在古代，想要進別人的房子是多麼容易。羅馬

人發明了各種鎖具，在羅馬家庭遺址的考古挖掘中，也找到過很多鎖具。然而，許多鎖具都是木製品，對意志堅定的小偷來說沒有太大的威嚇作用。占星師警告委託人，盜賊會破鎖而入。我們也看見房屋本身沒有那麼堅固。由於許多羅馬雄偉建築的遺跡令人印象深刻，造成我們沒看見其實羅馬人大多住在建築品質很差的建築物中。多羅修斯說，竊賊只需在房子牆壁上挖洞或打破，就可以鑽進去（*Five Books on Astrology 5.35.137*）。

鑰匙和鎖不僅裝在前門，箱子、棺材、櫥櫃和室內儲藏室也經常會上鎖。考古發現的鑰匙圈告訴我們，這些可能是房子女主人所戴，是居家管理權威的一種象徵。有少數的羅馬掛鎖也殘存下來，其中一些具有複雜的彈簧裝置，但普遍性則令人懷疑。複雜的機械結構，使得掛鎖價值昂貴，唯有需要保護大量財富的人才能獲得。而且掛鎖是用金屬製成，因此很可能生鏽而分解，能夠保存到今日的數量，並不足以具有代表性。然而，在古羅馬家庭中櫥櫃上看見的鎖，於大範圍的考古發掘中都有出現，這便可能反映出一般家庭保護高價物品的標準方式——把這些物品鎖起來，把鑰匙收好。

羅馬社會最富有的成員不得不採取更特別的措施來防止竊賊，以確保財物安全。擁有莊園的人，會用奴隸擔任守門警衛，白天可以阻擋不想見的人，晚上也可以防止有人爬牆或闖入大門。人們經常用狗來保護財產，有時還會在牆上用馬賽克排列圖形和「*cave canem*」字樣，意思是「小心惡犬」，特別警告那些想要不請自來的人。這些馬賽克圖案中的惡犬，

本尊可能不如圖案一樣兇猛，牠們的模樣可愛，旨在娛樂賓客，但也或許兩者兼具。有些鎖在箱子裡的貴重物品，也會改放到房子中央特製的堅固房間中，以防止盜賊在外牆上挖洞鑽進去。例如，龐貝城米南德（Menander）之家在浴池下方設置了一間地下保險室，裡面挖掘出一個箱子，裝了一百多件精美的銀器，原主人波培亞（Quintus Poppaeus）顯然是個富人，保險室也經過精細的設計，要用鑰匙開啟，牆壁經過加厚，防止被盜賊打穿，並設置在地底，更難挖洞鑽入。

大多數人無法負擔這麼堅固的保險室，所以會選擇將貴重物品存放在神廟裡妥善保管。位於龐貝古城廣場北端的神廟有一間地下室，可作為一個市政金庫，就像羅馬農神廟的圓形拱頂一樣（但卻沒能擋住凱撒大帝掠奪財務）。這些神廟被厚實的石牆包圍著，還有祭司和奴隸一天二十四小時、全年無休守衛，以及神明的特別保護，小偷必須冒著遭報應的風險偷盜。即便如此，一些人仍準備好要抓住機會。神廟也像城市各地區一樣易遭祝融之災，根據歷史學家希羅底安（Herodian）的說法，和平神殿在一三八年被燒毀時，許多最富有的人在一夜之間變得一貧如洗，不過我們會想，他們事實上應該會將可觀的資產存放在私人金庫中，或分散成各種不同的資產形式（*History of the Empire since the Death of Marcus Aurelius* **1.14.3**），畢竟資產不要集中在同一個地方是有道理的。

由於羅馬缺乏以信用為基礎的銀行系統，這表示所有財富都是以實際的資產而存在，

無論是土地、財產、貴金屬還是金幣。倘若沒有充分的保護，任何可以帶走的東西都會不見，因此出門旅行特別危險。資料顯示，古希臘有一種習俗是把隨身帶的錢幣放在口中，確保不受扒手偷襲，這個方式可能延續到羅馬帝國時期。有條法律是關於船員、旅店老闆和馬舍經營者的財產託管方式（*Digest* ***4.9.1.1***），目的是減少旅行人士隨身攜帶的貴重物品。當然，法律雖然存在，卻不見得有實際效用，因為船員、旅館老闆和馬夫有時會拒絕歸還物品，事實上，司法當權者還會責備這些人與小偷串通，專門盯上帶豐厚錢包出門的旅行者。

帝國明白自己有責任防止竊盜等罪行。有條法律聲明：「每個善良而有價值的總督，都應確保自己所管轄的省是和平安祥的」。也就是總督要能竭盡全力驅逐壞人，並積極追捕違反天理的人、劫匪、綁匪、還有小偷（*Digest* ***1.18.13***）。根據《查士丁尼新法》所述，總督必須「防止不公正，也不允許誠實和愛好和平的人受傷害」（Justinian *New Constitytions* ***29.5***）。用意雖好，但國家維護治安的手段有限。根據現代的解釋，羅馬帝國沒有警力，只有守夜人，是一群男性人數在三千五到七千之間的組織，這不是一支無足輕重的部隊，但這股力量的主要目標是防火，而非打擊犯罪。

在《法學匯纂》中關於羅馬執法官（prefect）職責的部分，記錄了「維吉爾斯」警消隊（*Vigiles*）的廣泛職責範圍（***1.15***），除了要注意縱火犯、竊賊、小偷、劫匪和庇護罪犯的人，還有用火不小心的公民，因為「火災的主因便是來自於居民的疏忽」。我們還可藉此

了解什麼是最常見的闖空門竊案，最易受侵犯的房產不是富人的大莊園，而是大多數人民所居住的公寓。這些房子稱為「因蘇拉」（*Insulae*），大約是六層或更高的公寓建築，樓層愈高，品質愈差。高層是木造的，所以非常容易闖入，尤其鄰居都知道彼此的作息。《法學匯纂》還描述了這些產業的警衛經常因竊案受懲罰。不難想像，一個奴隸或窮苦的自由人在守夜時是如何受誘惑而監守自盜，但也可能是只要東西遺失，最容易責怪的就是這些人。最後，《法學匯纂》指出，警消隊長應特別仔細監視大浴場裡看守衣物的人。人們在蒸氣室放鬆時，個人物品最容易被竊，這是羅馬長久以來的危害。有些人沒有奴隸擔任守衛，往往會付錢請別人保護自己的財物。擔任浴場守衛並不是羅馬帝國最好的工作，因此偷竊的誘惑很大。

受害者的選擇

竊案受害者能做些什麼？通常什麼也不行。當然，現在也一樣，即使我們知道警察可以調查，也可能不會抱太大的指望。在羅馬時代，如果受害者知道罪犯是誰，可以在親朋好友的幫助下自行尋求報復。當然，對付可惡的竊賊，人身安全難免有危險。另一種不必硬碰硬的方法可能是尋求私下解決，比如小偷若同意歸還贓物，受害者就撤回這件案子，不再追

究。西元一四四年，在一張埃及莎草紙上，描繪一名婦女懷疑鄰居趁她離家竊走一些珠寶，她只要求歸還財產，其他什麼也不要。

如果犯行人不明，還有另一種選擇是提供懸賞獎金。在古龐貝城牆壁上繪製的一幅塗鴉，就反映了這種對付小偷的自助辦法：「我的店裡丟了一個銅鍋，只要有人歸還它，我願給六十五個羅馬幣（sesterces）。若能提供足以逮補竊賊的訊息，額外再給二十個錢幣」（*CIL* **4.64**）。儘管訊息並不詳盡，但想必能達成目的。整個通知看來幾乎是在宣傳店主的生活很好，能擁有寶貴的銅鍋，甚至能提供現金給完好交還銅鍋的人。

竊案受害者可以求助於法律。但受害者不是去找警方，而是要到法院提起民事訴訟，既要花錢又要靠關係，才能讓法院審理你的案子，而且證據也要靠受害者自己去收集。古羅馬小說《金驢記》［*The Golden Ass*，阿普留斯（Apuleius）《變形記》（*Metamorphoses*）的傳統譯名］中有個人物宣稱：「法律極具人道，即使最貧窮的人也都能得到補償，以防止粗野鄰居的侵犯」（***9.36***），但現實並沒有這麼理想。

另一種選擇是向市級或省級地方執法官請願。歷史上留有許多這樣的請願案例，還有許多皇帝及官員發出的書面答覆（稱為解答敕令）。但提出訴狀並不表示就會有人處理。有個執法官到埃及一個城鎮進行為期兩天的訪問，就收到了一八〇四份訴狀，這種巨量簡直無法消化（*P. Yale* **1.61**）。據推測，執法官和團隊決定回答哪些人根據的標準是：原告是否足

夠重要（當然，如果很重要，也不需要提出訴狀了）；或案情非常重要，因為它會在當地行省的其他地方造成影響；或是否牽涉了哪些法律原則？

即使受害者確實已向執法官提出訴狀，仍必須自行收集證據。我們在前面的例子中看到，有人挖穿建築物的牆壁，偷走裡面的綿羊，受害者在附近搜索，在神廟中發現了牲畜。在提出訴狀之前，他向村長提出這些證據。在埃及發生的另一起案件中，原告描述小偷「如何從一扇窗戶闖入住宅——這棟樓房以磚塊砌成，俯瞰著一條公家馬路，小偷可能是用木頭撞開窗戶」。受害者搜查了犯罪現場，從窗台上的繩索痕跡得到結論（*P. Oxy. 69*）。

這位原告聽起來很誠實，其他則不見得。例如有個名叫赫蒙的男子，聲稱他的魚池被人偷捕，整座池子的魚都被偷光，漁獲損失介於「二二一七到十八萬隻魚」之間，相當於六千德拉克馬銀幣（drachma），但這件事顯然有鬼（*P. Oxy.* ***19.2234***）。為什麼要騙執法官？可能是想要誇大賠償規模，使這件案子更加引人注目。或許這是受害者和被告之間於庭外和解時騰出談判空間的一種方式。提出訴狀，是讓人們知道受害者在採取行動，想要獲得補償，因為其實沒什麼人相信會有人重視案件。受害者可以去找小偷和鄰居，告訴大家，他已發了一份訴狀，如果不交還財產就會採取行動。但當然，小偷可能會決定賭一把，承擔風險，畢竟執法官通常不會採取任何行動。大多時候，小偷是對的。

對一般埃及人來說，向羅馬執法官提出申請並不很順利。首先，必須用希臘文寫成訴

狀，這是自亞歷山大帝征服以來，埃及政府的官方語言。對大多數人民來說，這表示要付錢給書記寫訴狀。順道一提，這也解釋了訴狀中制式化堆砌的詞句。我們聽見的不是村民真實的聲音，而是書記報告的說詞。我們也不清楚要訴諸哪些法律。法律是否表示帝國法？是在逝去的羅馬帝國法典中所發現的法律、判決告示和解答敕令的集合？還是當地政府用來處理特殊情況的希臘法律，例如亞歷山大城的猶太人？或是埃及社會當地所慣用的在地法律？事實上，以上三種法律來源都可以是上訴的法源，執法官都可能會採信，只是所需時間跨度很大。有個案例一拖就是三十四年（*P. Oxy.* **2.237**），從西元九〇到一二四年，原來的訴訟人都死了。即使原告成功得到執法官或下級官員的積極回應，仍有執法問題。解答敕令提供了一個明確的法律意見，原告可以隨後再把案子送交當地法院以獲取支持，但一切都要花錢，而且當地法院也可能不會強制執行判決結果。被告若不遵守解答敕令的判決，也不會受到制裁。

羅馬竊盜犯罪學

儘管有困難，但訴願制度確實告訴我們，法律在多大程度上進入像埃及這種省份的平凡生活中，我們可以看到一個爭議，經過數個層級，如何為受害方提供可能的補償。從個人

直接承擔損失，到面對面的談判、到威脅、到發起訴狀和上法庭，任何擁有資產的人都生活在「法律陰影」中，以某種意義而言，法律的可能性就在人們的腦海中。從我們的觀點來看，更有意思的是，訴狀也提供了一些基本的犯罪學統計數據。

在埃及俄克喜林庫斯（Oxyrhynchus）的一八二份訴狀中，有七四份（41%）涉及各種罪行，包括打架、欺詐、勒索和竊盜；三三份（18%）屬於家庭糾紛，通常是繼承。來自特布圖尼斯（Tebtunis）的莎草紙官方檔案中，可追溯到克勞狄統治時期，提供了從四五到四六年間、為期十六個月的每日執行紀錄。在一〇四八件處理事項中，有七〇件是訴狀（6.7%）。這顯示當地官方的檔案庫必須處理的法律活動量，訴狀只是其中一小部分的業務。訴狀來自社會各層面，不會只為富裕階級所保留。有時法律途徑反而是為了沒有其他方法可用的人。在俄克喜林庫斯中發現的一三四件訴狀中，其中有三九件來自女性。婦女擁有財產的情形很平常，可來自嫁妝或繼承，但她們容易受到不擇手段的侵害。「我是一個無助的寡婦」，訴狀這樣說，想要撥動官員的心弦。然而，即使成功，婦女也無法執行判決。西元三世紀後期的一篇莎草紙中，有一位婦女的父親無故死去，她要與叔伯爭奪財產繼承權。她抱怨道：「我數次對他採取法律訴訟，但他只是侮辱我」（*P. Oxy.* ***17.2133***）。

令人震驚的是，原告經常認識罪犯。在羅馬和早期拜占庭埃及的竊盜案中，有九六件得到證實，其中只有三四件是由不明身分的犯罪者所做，其他大都是熟人幹的，有些還是親

戚。但我們不能因此下結論說，羅馬、埃及的大多數竊盜事件都是由朋友和家人所為。如果你不知道是誰做的，向當權者提出訴狀可能不具任何意義，因為沒人會調查。

最後，在羅馬埃及五九件現存的執法官判決告示中，有二〇件是在俄克喜林庫斯發現，顯示此省最高官員的法律意見相當分散，也會公布給所有人看，不過多少人真正讀過又是另一回事。由於是用希臘文寫成，所以即使是受過良好教育的人，可能也無法理解。

我們需要非常小心，以免因為記得太多數字，變得鑽牛角尖。法律以及向司法當權者提出訴狀的人，會告訴我們問題的類型，卻不會告訴我們問題出現的頻率、是誰犯的案等。這些地方案例雖然有趣，卻不可因此推斷整個帝國都有相同的情形，畢竟埃及在很多方面都很獨特。那麼關於羅馬帝國的竊盜事件，是否可得到任何初步的結論？首先，正如我們後面即將要讀到的，像塔西佗和蘇維托尼烏斯這樣的羅馬歷史學家，對政治重案比小偷小賊更感興趣。由於他們特別關注重大案件，造成嚴重的誤導印象，以為天天都有壞人侵擾一般老百姓。其實人民每天最困擾的都是相對輕微的罪行，如竊盜、打架或繼承糾紛。富人受這些罪行的影響可能較小，畢竟他們有護衛。

我猜測，城市的犯罪率高於鄉村。羅馬成長為一個擁有百萬人口的大都市，為犯罪分子提供了許多機會。無論是在競技日的街道上幾乎空無一人的時候（而馬克西穆斯競技場*

*馬克西穆斯競技場（Circus Maximus），位於義大利羅馬市，是古羅馬時代第一個競技場。

擠滿了二十五萬興高采烈的觀眾），還是每天都有成千上萬人在澡堂裡脫衣服的時候，這座城市都提供了豐富的犯罪獵物。大多數犯罪不是臨時起意，而是需要一些初步規劃。羅馬會獎勵那樣的努力。

犯罪理由

是什麼導致了古羅馬的犯罪？當犯罪學在十九世紀首度成為一門學科，人們普遍存在一種希望，認為它會揭示犯罪的原因，最後能產生有效的補救，但這種樂觀情緒很快便消失。如今，我們傾向於認為，當一個人開始犯罪，必定涉及各種因素。

羅馬人對人們變壞的原因有自己的解釋。許多羅馬作家都認為，城市環境本身會對人們的道德產生有害影響，這些當代作家都對羅馬到處是浴場、酒吧，以及長期就業不足而導致人們好逸惡勞的態度感到驚訝。這些觀察可能有些道理。由於他們只能打零工，表示城裡許多貧民只能長時間在沒有工作的情況下閒逛聊天。四世紀時期歷史學家阿米阿努斯（Ammianus）描述羅馬人最愛討論的就是戰車競賽和賭博的細節，因此很容易想像，在這樣的背景下，如果缺乏合法的資金來源，年輕人就會去當小偷。羅馬人滿為患，當地社群團體可能不像傳統鄉下社群團體那麼緊密，所以也可能導致犯罪率上升。但我們應記住，這些

作家都來自羅馬社會的頂層，文章的字裡行間，不時對那些一事無成、懶惰的人透露出一種精英式的嘲諷，這些人總想揩油撈點好處，把一半時間都花在看競賽和賭博。寫作是一種精英式的消遣，旨在舞文弄墨，而非客觀追求真理。像阿米阿努斯這樣的作家，是以富人和強者的眼光去看世界，自然容易用窮人的道德墮落來解釋犯罪。

這種悲觀主義的觀點，也出現在占星學的解說中。西頓的多羅修斯在《占星五書》（*Five Books on Astrology* **5.35.103 & 136**）中，對竊賊的身體特徵有許多細節描述：「手上的毛很濃」「臉頰胖，額頭狹窄」。這些拼貼而成的嫌疑犯形象，是因為人們認為，一個人的行為和長相是由星象所決定的，是一種古老的遺傳決定論。我們在希臘歷史學家修昔底德（Thucydides）的著作《伯羅奔尼撒戰爭史》（*History of the Peloponnesian War*）中發現了類似的宿命論，「城市和個人很像，都是天生會犯錯，沒有任何法律可以阻止」。他寫道，人們設法藉由各種懲罰來遏止犯罪，甚至是死刑，但犯法仍時有所聞（**3.45**）。也就是說，有人比其他人更會犯錯；年輕人被視為更容易有某些類型的犯罪，如暴力攻擊和性侵。這些罪犯會隨著自然老化漸漸改過自新。

竊盜的動機大多可肯定是貧窮。《金驢記》中有個強盜描述了他們是如何「因貧困而被迫進入這個行業」（*The Golden Ass* **4.23**），書中記錄窮人會變得厚顏無恥，可能是因為悲慘的境遇，所以才冒險犯罪。飢餓也被認為會促使竊盜。

《農業論》作家哥倫美拉（Columella）曾描述鄉村奴隸如何在播種之後還能保留不少種子，以及他們如何偷盜、扒竊、做假帳（*On Agriculture* **1.7.1-3**）。塞內卡在《論清淨心》中，警告愛書人要防範「竊手」（*On the Tranquil Mind* **8.8**）。偷竊可些許補貼奴隸的生活，付清帳單可讓他們省許多錢，這樣一來便可購買額外的食物或買回自由。前面讀過，搶劫沉船事故可為沿海居民提供生活補貼的途徑，儘管法律並不接受貧窮的藉口。法律提及各種內賊類型的竊盜行為，例如自由人從庇主家中偷竊，奴隸偷主人，勞工偷雇主。但整體來說，法律對認定微不足道的事並不感興趣（*Digest* **48.19.11.1**）。家庭的不良教養，總歸咎於父親的鬆懈，人們通常認為這造成了孩子的道德缺陷。富人的貪婪也被視為一個因素，一個經常被引用的例子就是企圖改寫遺囑的詐欺行為。

法律的確能夠分辨衝動犯罪的區別，例如喝醉了打架，還是謹慎計劃的搶劫等行為（*Digest* **48.19.11**）。精神錯亂可能是一種有效的抗辯，因為行為會變得有如幼兒一般（*Digest* **9.2.5.2**）。同樣地，對犯罪還有一個常見的解釋——被惡魔附身，人們相信一個人會受到邪惡超自然力量的控制，被迫犯下罪行。

竊盜的懲罰

被宣告有罪的竊賊，會施以怎樣的懲罰？羅馬最早的法律稱為「十二銅表法」，其中對竊賊有各種不同的處置方式，取決於罪犯是否為現行犯、犯罪發生的時間和社會地位等。沒有攜帶武器的小偷，如果是自由出身，白天偷東西被逮到，會受鞭刑，然後成為東西被盜者的奴隸。奴隸無論是否攜帶武器都會受鞭刑，然後從俯瞰羅馬廣場的陡峭懸崖——塔培亞岩（Tarpeian Rock）被拋下而摔死。如果小偷是在晚上被逮，或是白天但有攜帶武器，法律便允許受害者當場殺死小偷。然而，如果在白天遇到攜帶武器的現行犯小偷，受害者預先發出吼叫，便能殺死小偷，無須顧忌。在早期的法律中，沒有明確說明吼叫的目的，但可能是為了讓小偷有機會投降，並提醒鄰居（即使殺死小偷是被許可的，但這種情況明顯是趁機殺人）。在小偷是現行犯被逮的案件中，不會有完整的審判，只有一名治安官聽證。

到了共和晚期、帝國初期時，對出身自由的小偷已不可用體罰，多數情況下，受害者只能就損失獲取補償。補償是被盜物品價值的倍數，通常是四倍。出身自由的人若被起訴為小偷，表示會失去某些法律特權——例如作為證人出庭的權利——變得像奴隸一樣，如果有再犯其他罪行，就會受到體罰。

身為奴隸的小偷，他們的懲罰總是殘酷無情。奴隸根本沒有合法權利。正如我們所知，出現在法庭上的奴隸，即使是擔任證人，也要遭受折磨，以確保他們所給的「證詞」是真實的。正如瓦羅所說，奴隸只是「會說話的工具」（Varro *On Agriculture 1.17*）。認罪的人會被鞭打或釘死在十字架上，如果逃走又被逮，則會被罰到礦場做苦工至死，或扔到競技場中被野獸啃噬。在義大利那不勒斯附近波佐利發現的牆上刻字，可見當地這種懲罰是非常常態的，令人驚訝的是，其中還列出公定懲罰服務的價格。鞭刑需四個羅馬幣（大約是幾條麵包的價格），包括提供刑台用來捆綁奴隸（*AE 1971, 88*）。歷史學家狄奧多羅斯（Diodorus Siculus）在《世界全史》中，描述奴隸在礦坑中身體如何遭受摧殘，監工的鞭子迫使他們忍受最可怕的苦難（*Library of History 5.38.1*）。

然而其中也有仁慈。在浴場偷東西的賊，本應送往礦坑，但由於犯罪人數眾多，不得不減刑（Paul *Opinions 5.3.5*）。被送往羅馬競技場的罪犯，最後會發現自己要面對的是飢餓的獅子、熊或公牛，有時會獲得木劍以延長娛樂時間；其餘時候，他們只是被綁在木樁上，在眾目睽睽之下被虐待至死。因竊盜被釘死在十字架上最著名的例子，就是兩個不知名的強盜，與耶穌一起被處決（在《福音書》中，描述他們的字眼是更籠統的「罪犯」二字）。

法律的嚴酷和實際賠償的可能性，無疑表示許多受害者會傾向於選擇尋求法律途徑，但還是有許多其他方法可在法律之外尋求報復。有一種方法是透過八卦或圖畫，來攻擊被

告的名譽。龐貝城牆上有個銘文直截了當地說：「安普利亞特斯（Ampliatus Pedania）是小偷」（*CIL 4.4993*）。即使文學性很低，這種塗鴉能將控訴置於公共領域，然後以語言傳播。這顯示控制人們的不是政府，而是社會本身。司法成為地方性的ＤＩＹ活動，人們可用行為不道德的指控，迫使鄰人遵守不成文的行為規範，屬於一種制裁的武器。更直接的復仇行為，可能包括人身攻擊，甚至集體扔石頭，但這些都帶有風險，特別是因為法律也可以用來對付復仇者。我們在評估羅馬帝國整體狀況時，遇到的一個問題是，很多證據都來自龐貝城，比如上面的塗鴉。當維蘇威火山爆發，把城市埋入灰燼中，其他地方都沒有留下特殊的線索，足以呈現古羅馬精彩的生活細節和回憶。這些塗鴉是否普遍？是否能在廣大帝國的每個城鎮都看到這種塗鴉？或這只是屬於當地另類傳統文學的奇特紀錄？

偷自己

在回顧羅馬的竊盜經驗之際，很容易發現與現代有許多相似之處。但有一種犯罪突出了羅馬在基本上的不同態度：偷自己。奴隸是財產，因此奴隸被竊的法律，與任何其他物品一樣。在《法學匯纂》「綁架奴隸」篇中（***48.15***），奴隸會被別人看作是一種有價商品，賣給毫無戒心的新主人。根據這個邏輯，脫逃的奴隸事實上是在偷自己。

脫逃是一個常出現的問題，因此業主會在奴隸身上烙印或掛牌子以避免奴隸逃跑。我們沒有真正奴隸所寫的紀錄，解釋他們為什麼要想辦法逃走，但可以推測的是，大多數人的動機都是來自以下三者的組合：條件惡劣、待遇殘酷、對自由的渴望。有時竊盜本身就是一個原因。西塞羅在信中抱怨自己的奴隸戴奧尼修斯，他受主人之托看管珍貴的圖書館，卻從中偷走了一些書籍，然後逃到亞得里亞海的伊利里亞（*Letters to Family* **13.77**）。

有趣的是，如果奴隸有恰當的機會脫逃，逃跑才會有意義。畢竟，業主可以做很多事，他們可以在第一時間放狗追人，或張貼「通緝海報」以設法追蹤。來自埃及安垂百地區臣瑞斯村（Anthribite, Chenres）的一張公告，上面描述一名逃犯：臉上有疤，「走路大搖大擺，好像自己是個名人，聲音尖銳，喋喋不休」（*P. Oxy.* **51.3617**）。但據推測，在任何人讀到這張布告之前，奴隸早已不見蹤影。

在《阿斯特蘭普斯克斯神諭集》中，其中一個問題來自一位主人詢問「我會找到逃犯嗎？」在十種回覆中，顯示有六成不會找到，三成會找到，一成需隔一段時間之後才知道，其間的機率足有利於逃跑者，這樣的答案令人振奮。這表示逃跑時常成功。由於羅馬帝國幅員廣擴，大多數奴隸主人都沒有用來追蹤所需的資源。沒有警察可以叫，只要奴隸設法逃到沒有人認識他的地方，很可能就能重新展開自由人的生活。

即使是如西塞羅一般具影響力的人，聽見自己逃走的奴隸似乎出現在朋友駐紮營區附

近的省，也得被迫寫信給這位外地的朋友打探消息。一份一六六年來自埃及總督的莎草紙，被送到當地官員手中，其中包括一長串通緝名單，有人無疑是脫逃者，紙上下令官員追緝。後續評論加在總督這份公文上，表示一個都沒有找到（*P. Oxy.* **60.4060**）。這些在在都暗示帝國的警力非常鬆弛，脫逃者很容易就能躲避法律，消失在群眾中。同時還顯示羅馬帝國不是一個人人都彼此互相認識的團體。

因此，法律上會特別懲罰協助奴隸逃亡的人（*Digest* **11.4.1.1**）。元老院下令，任何找到逃走奴隸的人，都有二十天時間送還合法所有者，或帶回交給治安官。士兵和平民都有權進入私人產業追緝奴隸。如果法官不協助，會被罰款一百金幣。有個關於聖保羅的故事：聖保羅遇見了脫逃奴隸阿尼西姆（Onesimus，意思是「有用」）。聖保羅很小心，不想違反羅馬法。阿尼西姆搶劫了主人腓利門（Philemon），並逃往羅馬。腓利門是小亞細亞歌羅西（Colossae）一個富有的公民。後來，阿尼西姆遇到聖保羅，便皈依基督教。聖保羅能為阿尼西姆所做最好的事，就是把他送回給主人，並帶上一封信，要求腓利門的赦免。即使是已成為角鬥士的奴隸，一旦被發現，也會被送回主人身邊，以防他們犯了嚴重的罪行，主人想親自調查（可能使用酷刑）。

有人則想庇護逃跑的人，這件事實也很有趣，它是否反映了人們普遍對奴隸制度感到不適？格利烏斯所著《阿提卡之夜》中有個故事，描述一個奴隸走在路上，當他快要被主人

發現，一位仁慈的人拿出斗篷罩住奴隸，擋住了主人的視線。不過這個仁慈的人最後卻被法院判決偷竊奴隸（Gellius *Attic Night* **11.18.13-14**）。也許脫逃者會得到其他奴隸的幫助，從前是奴隸的人也同情他們。奴隸很貴，大都是富人才能擁有，所以也許一般尋常的公民沒什麼興趣看到富人的財產獲得歸還。但一般公民對這些奴隸在競技場上遭受殘酷的懲罰，似乎也沒有展現出什麼不安。

如果逃亡的奴隸被逮捕，必定會被處以殘酷的懲罰。《查士丁尼法典》一條四世紀初期的法律規定，如果奴隸在想辦法逃離羅馬帝國時被俘，那麼脫逃者或是被截肢，或是被送到礦場，或是遭受治安官認定的適當懲罰（*Justinian Code* **6.1.3**）。更早的法律規定，脫逃的奴隸只要還給主人懲罰，但若奴隸假裝自己是自由的，在這種情況下則會受到治安官的嚴厲懲罰。

即使他們乖乖留下，也會造成問題。農業作家哥倫美拉在《農業論》中，對奴隸會對主人財產造成的危害，發出刺耳的警告——奴隸會偷走種子和收穫，把牛隻租給別人收現金，做假帳，對其他奴隸的偷竊行為視而不見（*On Agriculture* **1.7.6-7**）。這些行為可能都是源於飢餓和需求，但也可能是因為反抗心態。由於他們太害怕冒險逃走，因此許多奴隸心理會產生扭曲，故意讓主人失去一小部分收入，即便再小都好。同樣地，在城市工作的懶惰奴隸會故意四處遊蕩，享受城市環境所提供的許多休閒活動，有效竊取主人的勞動力，有何

不可（On Agriculture *1.7.1-3*）？畢竟能夠責罰他們的，也只有奴隸主而已。

竊盜似乎是羅馬的一個大問題，也許比現代更嚴重。羅馬也和我們一樣，採取一系列的防範措施。只要可能，他們會設法在法庭當場便得到補償，也會利用各式各樣的替代策略，設法取回贓物、懲罰竊賊。隨時間過去，人們漸漸認為，這雖然是公民的私人問題，報復卻應該公開，不能只是以金錢補償作結。於是後來法院判決的懲罰，尤其是對奴隸的懲罰，都異常的重，但他們被抓的可能性很低。我們可以看見，這種懲罰雖然並不常見，但每次都非常殘酷，這是為了殺雞儆猴，以獲取最大程度的威懾。或許在這種極度的震驚之下，也顯示出國家所能提供的辦法並不多。正如我們接下來會讀到，為了尋求正義和報復，竊案受害者通常所能做的，只有求神問天而已。

Frauds, Fakes and Imperial Corruption

第 3 章｜詐騙、偽造和帝國的腐敗

犯罪生意

當然，犯罪並非全是壞事。偉大的雄辯家「金口」戴奧（Dio Chrysostom意思是「開金口的男人」）於《演講辭》中生動描述了法官蒞臨地方法院開庭時的生動演出，有如一場馬戲表演。他說，法院開庭時，匯集無數人，有訴訟人、陪審員、律師、助理、奴隸、皮條客、妓女和街頭小販。商店老闆喜歡犯罪，因為貨品價格可以抬高，一般工人也喜歡它，因為每個人都會有工作，所有一切都表示城市會變得繁榮。戴奧將此事比喻為一群綿羊聚集在一片土地上，由於綿羊會留下許多糞便，使土地變得特別肥沃（*Oration* **35.15**）。

讓法院如此忙碌的，不僅是竊盜案件，

更常見的是稱為「白領」犯罪的一系列問題，這種非暴力犯罪是出於對金錢的渴望。這種案件不僅有私人犯案，也有政府官員犯案。正如我們將會看到，儘管羅馬政府對善治和正義高談闊論，卻經常將權力錯放給眼光和作為都遠遠不及的人。

不誠實的例子比比皆是。有一條法律規定是關於商人在公共登記簿上記錄交易的營收，因為他們會為了少繳稅而作手腳（Digest ***48.13.10***）。另一種簡單的商業欺詐，是在商店中使用不實的量器（Digest ***48.19.37***）。龐貝城有一件圖畫，畫的是抱怨酒店老闆在葡萄酒裡面加水（*CIL* ***4.3498***）。許多法庭案件涉及土地糾紛。一些地主會隱藏標識地界的石頭或改變土地外觀，混淆地界的位置，或是在別人的林地中開闢耕地，然後將這片新耕耘的土地加入到自己現有的田產中。

奴隸的高價（特別是在羅馬征服完大部分領土後，廉價俘虜的供應量降低）造成奴隸販子為了掩飾商品的問題，激發出許多點子。奴隸的銷售是由市政官的命令來規定，旨在確保買家能夠確知奴隸的所有事實，尤其是缺陷，例如疾病或道德問題。奴隸販子就好比如今的二手車賣家，例如用長襯衣遮住膝蓋，或是用顏色鮮豔的衣服遮掩殘肢或開放性傷口。許多奴隸在運送到市場的長時間過程中，身體受到損傷，眾所周知，販子會用各種化妝品掩飾。例如用篤耨香樹（terebinth）樹脂塗在奴隸的皮膚上，用來遮掩體重過輕的瘦弱問題。用血液、膽汁、金槍魚肝製作脫毛劑，用於去除青春期男性臉部的毛髮，以看起來更年輕、

更有吸引力。其他欺詐行為，包括用染料在生病奴隸蒼白的臉頰上增添色彩。管理奴隸買賣的相關法令建議買家多提出問題，以了解奴隸的真實個性和身體健康狀況。法令的建議諸如：如果購買女奴，購買者應該確保奴隸販子證明她有能力生育孩子，是否曾經生育過？是否有月經？賣方也有法律義務向潛在買家說明，奴隸是否曾想要自殺？是否健康？健康的意義有時很模糊，有個案例是，如果奴隸被割掉了舌頭，他是否健康（答案是不健康；*Digest* ***21.1.8***）。

由於糧食供應會涉及大量的金錢，尤其是主食類，這表示它會吸引寄生蟲和掠食者前來。在羅馬，向高達全國二十五萬男性公民發放「穀物振濟」是非常重要的，因此，如果奴隸懷疑主人犯了欺詐罪，他甚至可以指控自己的主人，女奴也一樣，即使女奴與此案沒有個人利益牽扯，也可以提出控訴。人們對富人囤積糧食和是否抬高其他商品價格的跡象特別警惕。阿米阿努斯在《歷史》中記錄，四世紀時，羅馬城有一群憤怒的人民，燒掉當時執政官敘馬克斯（Symmachus）的房子，因為他寧願用葡萄酒來澆熄生產水泥的石灰窯，也不願以當時的最低價賣掉（*Histories* ***27.3.3-4***）。由於犯罪者做出各種新奇罪案的創造力，因此產生了一個全新的名詞：*stellionatus*（詐欺），只要法官認為情況適當，便可加以懲罰（*Digest* ***47.20***）。

羅馬錢幣的發行量很大，這是皇帝散播自己及其政權訊息的便利方式。皇帝卡利古拉

（Caligula）的錢幣上，一面是他戴著月桂葉的自豪模樣，一面是他三個姐妹的全身肖像，分別代表安全、和諧和好運。有傳言稱卡利古拉曾與自己姐妹亂倫，所以很難知道人民對這些圖像有什麼想法。當然許多人會想辦法偽造錢幣，他們會用簡單的鑄造或模具，以廉價金屬製造，外面再包覆銀箔，看起來就像真的。有時硬幣上面的拼字寫錯，皇帝長相也不同，但是你會仔細看錢幣嗎？還有一些已知的欺詐技巧，例如切削錢幣的邊緣（一世紀時，羅馬銀幣「denarius」為95％純銀），或是直接從銀幣表面把銀刮下來（*Digest* ***48.10.8-9***）。我們可以想像，大多數人認為這是一種沒有受害者的犯罪，所涉及的量也不會導致貨幣供應量出現顯著變化，當時的人並不理解通貨膨脹是怎麼發生的。大多人民擔心的是，如果拿到這種銀幣卻不能用來付帳怎麼辦？好在多數人也可能不會仔細檢查銀幣，因此不算是一個問題。

關於貸款利息，利率限制在每年一分二厘（12％），但任何急需用錢的人都沒資格向當權者抱怨，因此常見非貨幣性貸款，例如糧食等，以規避有關利率的限制。有個例子中的利率竟為五分（*P. Tebt.* ***110***）。各種不同的團體都有出現高利貸的情形。龔姆第納斯（Commodianus）寫於西元三世紀左右的一首詩，抱怨基督教債主的利息是兩分四厘，然後這些債主再向窮人施捨捐贈，求得上天堂的許可，但這些窮人卻是這些債主所造成的。欠債的人想逃避還款，這不令人驚訝，因此借貸是一種會引發焦慮的生意。根據後來的基督教資

料，尼薩的格里高利（Gregory of Nyssa），在他的《反高利貸》（*Against Usury*）中描述了一個放款人如何時時掌握債務人的行蹤和狀況，如果聽見債務人有不好的傳言，有可能變得窮困潦倒或逃亡，放款人會「雙手交叉胸前」坐下，「不斷」發出呻吟，「一直哭號」。有條法律是關於一個騙局，有人介紹一個名叫提圖斯的男人給放款人，說他要借錢，但卻帶著放款人去見另一個男人，這個男人也叫提圖斯，結果第二個提圖斯帶著錢遠走高飛，放款人再也找不到他（*Digest* ***47.2.68.4***）。

犯罪家庭

羅馬帝國最重要的財務問題之一是繼承。這是最常見也是最容易獲得金錢的方式。有人做生意賺大錢，從軍達高位，大多數家庭都會確保財富能夠一代傳一代。壽命不長會干擾這種傳承過程。在《阿斯特蘭普斯克斯神諭集》中有一個問題：「我會繼承母親的財產嗎？」這個問題的十個可能答案中，三個為否定：「不，是她埋葬你。」這表示奪取遺產對一些人來說是一種令人躍躍欲試的行業，狩獵目標是沒有子女的人，希望能夠得到豐厚的

遺產。《神諭集》中有另一個問題是：「我會從某人那裡得到遺產嗎？」答案有八成是肯定的。但繼承遺產從來沒有那麼簡單。《神諭集》中的答案顯示各種可能的法律問題：「你不是唯一的繼承人」「你不會得到全部」「你會受很大的財務損失」「還需另一次審判」。由於財產繼承的金額龐大，也表示有受騙的風險。一份來自埃及的文獻，日期為二一一年一月二十四日，其中包括一份訴狀，是由譚諾米斯（Tanomieus）向百夫長昆庭利安努斯（Crenuleius Quintilianus）提出。在訴狀中抱怨，他的子女是一份遺囑的共同繼承人，但遺囑執行人早已將部分遺產出售給其他人（*BGU* **1.98**）。更早十年，在埃及特圖尼斯，赫拉克利亞（Heraclia）抱怨，恰如其名的丈夫荷米斯*把她父母留給她的所有遺產都捲款而逃（*P. Tebt.* **334**）。

一種常見的欺詐形式，是偷偷打開還沒有公布的遺囑，進行篡改，然後再用真印章或假印章重新密封文件。這可以在立遺囑人活著或死亡時完成，但如果立遺囑人還活著，東窗事發的風險更大。

克勞狄烏斯皇帝發布命令，禁止幫別人寫遺囑或在遺囑後面增加附錄——因為有些人會將某件遺產指定送給自己（*Digest* **48.10.15**）。這似乎太無恥，但在一個識字能力有限的

*Hermes，希臘神話中宙斯的兒子之一，也是小偷和騙子之神。

世界，人們常常要求別人幫忙寫遺囑。有人可能視力不佳，沒有眼鏡矯正視力，因此無法閱讀偷偷加入遺囑的內容；有人可能找到的律師剛好就是個騙子。

另一種非法處理遺囑的方法，是因為擔心裡面有不利自己的條款，因此竊取遺囑並銷毀。篡改官方文件並不僅限於遺囑。法律禁止個人透過更改登記、判決、訴狀、公開紀錄、證詞、貸款和信件等欺騙他人（Paul *Opinions 5.25*）。另一種非法使用文件的方式，是關於律師或代理人收受賄賂，而向委託客戶的對手透露機密內容。

我們雖不知偽造案件發生的頻率，但威脅大到足以讓尼祿皇帝引入一種新的防偽辦法。根據蘇維托尼烏斯的紀錄，尼祿規定，公共或私人文件應首先由證人簽署，然後沿紙邊的一半穿孔，再將繩子透過這些孔洞來回穿梭三次，最後用蠟封印在繩子上，將文件封好，這麼一來，任何人都不可能在不留痕跡的情況下打開文件。任何文件如果沒有此種保護，都不具有法律效力（*Nero 17*）。關於遺囑還另外設置了保護措施：當遺囑提交給證人，規定前兩頁僅可呈現立遺囑人的姓名，以使證人看不到遺囑中的任何條款。加上法律規定，任何為別人寫遺囑的人，都不可將自己列為遺產繼承人之一，也規定律師只能收取固定的服務費，因為很多律師收取的費用都不合理（且越來越多）。

這種禁令在社會階級中是否能深入有效，還很難說。根據定義，遺囑主要是在保護社會較富裕的階級。即便如此，留存下的遺囑，是關於少的可憐的遺產，因而衍生了一份戲謔

短文，稱為〈小豬的遺願〉（*Piglet's Will*），全文荒謬惡搞，指的是晚餐將被屠殺的一頭豬，想要留下最後的遺囑，牠說：

> 我要留給父親大肥豬三〇蒲式耳橡子，給母親老母豬四〇蒲式耳小麥，給姐姐吱吱叫三〇蒲式耳大麥，我沒辦法參加她婚禮了。至於我的器官，我要把鬃毛留給鞋匠，大頭留給戰士，耳朵送給聾子，舌頭送給好辯者和八卦者，腸子送給做香腸的人，豬腳留給作糕餅餡的人，腰子送給女人，膀胱送給男人，尾巴送給少女，肌肉送給少男，豬蹄送給跑者和獵人，爪子送給盜賊。

牠找到七個必要的證人，這些證人都是豬，所有豬的名字都是戲謔的文字（翻成中文類似「培根簽名」「炸豬皮簽名」等），後面人們可以自行無限添加。天主教神父耶柔米（St Jerome）後來描述人們聽到此文時如何大笑。也許樂趣的一部分在於遺囑屬於另一個世界——富人的世界。但更有可能的是，在我看來，是因為人們聽見裡面出現了生活中不時可見的簡單法律用語。

政府貪汙

一般羅馬人民當然和富有的羅馬人一樣，會有欺詐行為。《伊索寓言》講述了宙斯如何指示荷米斯將錯誤訊息傳送給所有工匠，後來還騙了皮革工，自此以後，「工匠就一直都是騙子，皮革工更愛騙人」（*103*）。有些寓言則警告，鄰居不值得信任，因為他們會偷東西（*166*）。馬錫爾《諷刺短句》中，記錄競技場觀賞競賽的觀眾，除了享受樂趣，有人還會用計，想辦法獲得超過應有份額的食物（Martial *Epigrams **1.11** & **26***）。乞丐會用的典型策略是假裝斷腿或失明（*Epigrams **12.57**;* Philostratus *Life of Apollonius of Tyana **4.10***）。

位於羅馬社會頂層的人，自然無法免於誘惑。法官會受到朋友的影響，做出傾向一方的判決。這對我們來說是腐敗的，但在很多方面，庇護制度（patronage）是羅馬帝國的驅動力，因此深入到法律系統中也不令人奇怪。有一位前律師將法律案件的過程，比作搶劫的侵略行為，這個人就是生活在西元四世紀上半葉的馬特努斯（Firmicus Maternus），他在轉職占星師之前就是一名律師。在他的著作《占星八書》（*Eight Books of Astrology*）中概述他退出法律界的原因：

> 像我一樣從事法律辯護工作的人，每天都是在競賽爭吵，雙方像狗一樣互咬。從這些爭吵中，除了每天累積的威脅和巨大沉重的惡意，我什麼都得不到。我發現自己對抗的經常是愛挑釁的人，無論是喜歡惹事生非，還是設法利用貪婪動機去占陌生人便宜，或利用人們對法院的恐懼加以威脅的人。

馬特努斯得到結論後，他「放棄了法律事業，以免陷入日益增長的陰謀和危險」，並「放棄了竊取的職業，或更準確地說，強取豪奪的職業」（*Eight Books of Astrology* BK 4 preface）。

總督這個官位，原本是要確保司法系統不是富人和高權者的玩物。歷代皇帝都下令，總督必須確保權勢者不會傷害弱勢者，也不會透過虛假的控訴，利用法院去追捕他們。但我們卻能從其他法律明確看出，法院的確是可以被濫用的。訴訟人會利用假證人或提出偽造文件以獲取支持（*Digest* **1.18.6**），也會賄賂法官或賄賂證人不出庭。

官員濫用權力的例子很多，也有留下例證。面對一件案子，他們可能假裝自己握有比實際情況更高的地位（Paul *Opinions* **5.25**），或強迫辦法有限的人交出唯一的奴隸或「燈」（文本此處不詳），或假稱要徵收少量家具以供軍隊使用（*Digest* **1.18.6.5**）。法官可以選擇性地執法、刑求、鞭打或囚禁公民、違反法律等（Paul *Opinions* **5.26**）。事實上，總督幾

乎成為腐敗的代名詞。詩人兼諷刺作家尤維諾在《諷時詩》中，對一位野心勃勃的政治家酸言酸語，提點他：「你終於得到總督的權職，能夠設法控制你的憤怒，壓抑你的貪婪，對當地的窮人有些同理心」（*Satires* ***8.87-91***）。

但有時治理不善是因為不稱職、無能，而非出自惡意。在圖拉真皇帝統治的時期，小普林尼被任命為比提尼亞—本都斯（Bithynia-Pontus）總督，他卻發現有些被判處礦場苦役、或理該拋入競技場被野獸撕咬的奴隸，變成了官奴（*Letters* ***10.31-2***）。有條法律規定，如果法官將罪犯送往礦場時忘記設定期限，則默認刑期為十年（*Digest* ***48.19.23***）。另有條法律則是承認，人民經常需要上訴來糾正法官的不公正或無知（***49.1.1*** *pref.*）。法官不是法律專家，也沒有接受過任何培訓，但他們確實有諮詢顧問，其中可能就有律師。作為非專業人士，法官極有可能在解釋或量刑時犯下基本的法律錯誤。我們在格利烏斯的筆下，看見《阿堤卡之夜》中一個有趣的例子，記錄自己擔任法官的無能。他描述一個原告來到面前，要求另一個人賠償，但卻缺乏文件證明及債務證人，而格利烏斯則認為原告是一個「徹頭徹尾的好人，他的正直誠實眾人皆知，生活中沒有可令人議論的地方」。相較之下，被告卻是個愛說謊的騙子，雖得到律師的支持，不過只是一堆「吵鬧的擁護者」，要求對方提出一般的文件證據。格利烏斯不確定該怎麼做，於是徵詢了一些法律界朋友的意見。大家紛紛表示律師是正確的，應該要駁回告訴。但格利烏斯說：「當我深切考慮，一個人正直誠實，另一

個人根本就是下流無恥……無論別人怎麼說，我都無法將他無罪釋放」。他反而下令將案件擱置，轉向哲學家尋求建議。哲學家同意，應該支持誠實的人。但格利烏斯擔心，由於自己是年輕人，如果他以個人而非證據為由判決，會壞了自己的名譽，但他又不願幫壞人——一個過著「最可恥、最墮落生活」的男人。於是他起誓說案子不清楚，所以轉給了另一位法官（*Attic Nights* **14.2.4-11**）。

這是一個引人入勝的案子，可從各種不同的角度來解讀，既可解釋為法官重視訴訟人的道德品格更勝案件事實本身，無可避免地導致偏袒地位較高的人，或與自己有關係的人。格利烏斯想要抵制這種衝動，堅持事實，但他記錄下這個案子，是否為了要顯示他的表現比其他法官好得多？或者說這個案子恰恰相反，從原告到律師再到法官，相關的每個人都知道，任何決定都需要證據。毫無疑問，法官對人們品德的評估，可能會以某種方式影響決定（直到今日依然如此），但以這個觀點來說，羅馬法在基本上是關注事實的。

由於法官具有廣泛的自由裁量權，使得案件的結果難以預測。在訴訟過程中所涉及的個人因素，意謂訴訟人會設法知道可以規避什麼事。一份有趣的文件讓我們可以窺見人們如何探知總督的想法，即是阿提米多羅的《解夢書》（*Interpretation of Dreams*）。這份手冊寫於西元二世紀，是一本關於如何解讀數百種不同夢境的書，書中人物和事件來自羅馬生活的各個領域。在不同的人和事物之間，解夢建立起心理上的同等性，即使貴如法官和總

受如此殘忍的處決方式，於是加爾巴為他製作了一座高大的白色十字架，彰顯「特殊」榮譽給孩子的遺產，加爾巴便宣判他十字架死刑。這個男人抗議，認為自己是羅馬公民，不能遭斬台的桌子上，放在廣場上展示。另一回，有個男人毒死自己監護的孩子，以便繼承指名決較為嚴苛。一回，有個不誠實的放款人被捉到他面前，他便下令斬斷雙手，再把斷手釘在位於西班牙）時，他的態度便是「捉摸不定，前後不一致」。起初他積極又精力充沛，對判斯的說法，在未來的皇帝加爾巴（Galba）治理塔拉科西班牙（Hispania Tarraconensis，現

我們在各種高階級貪汙的故事中，發掘到類似的政府官員瀆職行為。根據蘇維托尼烏

能防止總督藐視臣民」（*4.44*）。

的情形還有夢到輕蔑侮辱的行為是個不好的預兆，除了那些有權有勢的人，因為「沒有什麼利，因為他的權位高於法官，「大海代表法官，對有些人好，有人些不好」（*3.16*）。類似災（*2.29 & 32*）。對已有牽涉到訴訟案的人來說，夢到在海上行走是好的，代表會贏得勝中，因為角鬥士的武器代表公文。如果夢到法院、法官和律師，代表厄運和不順，有破財之個法律訴訟過程多所描述。如果夢到自己變成角鬥士，參與戰鬥，顯示會牽涉到一件訴訟（*2.27*）。如果是氾濫的河水，洶湧巨大的衝擊，表示法官的無感或愚蠢。阿提米多羅對整說是好事，因為「河就像主人和法官，隨心所欲地做任何想做的事，不須給出任何解釋」督都無法自外。例如夢見一條純淨透明的河，河水輕輕流動，對訴訟案中的奴隸和被告來

（*Galba 9*）。這是羅馬各省生活狀況的合理描述嗎？當然不是。還是蘇維托尼烏斯轉述這些極端的特殊事件，是因為他認為這些事展現了加爾巴一些特殊之處？可能是。但從這些案件中，我們也能強烈感受到一個省的總督權力有多大。

它當然不是唯一的。總督濫用職權的最著名例子是維勒斯（Verres）。西元前七〇年，他因治理西西里不善而被西塞羅起訴。西塞羅在《駁維勒斯》中，充滿惡意地描述這位前總督對羅馬公民和盟友的許多可怕行為，以及對神明和男人的邪惡行為。他指責維勒斯非法侵占四十萬銀幣（*Against Verres 1.56*），還利用奴隸向富人勒索現金。在斯巴達克斯起義（Spartacus）造成義大利內部一片混亂時，據說維勒斯逮捕了屬於富裕地主的一些重要奴隸，並指控他們密謀加入斯巴達克斯起義，於是判處奴隸死刑，接著便暗示地主，只要重金回報，他願意赦免這些奴隸。甚至還有人聲稱維勒斯會指控當時根本不存在的奴隸共謀反叛，然後指控地主犯了藏匿罪。不出所料，當地主沒辦法無中生有，交出奴隸，維勒斯就會將地主關入大牢，必須支付罰金才能出來。

這些事發生在共和國時期，當時人對公家單位的標準應該比較高。到了帝國時期，很容易讓人產生一種印象，覺得總督可以肆意妄為。歷史學家狄奧（Dio Cassius）在《羅馬史》中記錄奧古斯都統治時期，高盧人在總督李錫尼（Licinus）治下遭受的巨大痛苦。狄奧說，事前已有惡兆，一條二十公尺長的海怪被沖上岸，海怪的頭長得像女人。凡大自然產

生騷動，尤其是與女人有關，就是暗示有不當狀況，必然會出現重大問題。李錫尼自己就是高盧人，也曾是尤利烏斯・凱撒的奴隸，他獲得自由後，迅速在皇室中崛起。為了能將地方稅收提高到最大程度，李錫尼下令人民每個月都要繳交貢品，但他竟宣布一年有十四個月。於是人民向奧古斯都控訴。奧古斯都表示對壓榨稅金的事一概不知，還假裝不相信對李錫尼的其他指控。李錫尼擔心會遭厄運，因此邀請皇帝到自己的豪華房舍作客，拿出了許多珍藏，然後他聲稱，這些珍品都是為了皇帝和羅馬人民的利益而故意為之，以免高盧人因為擁有這些財富會想要起而反抗。李錫尼假裝自己的強取豪奪是為了削弱蠻族的力量，以便為奧古斯都服務（Dio *Roman History* **54.21**）。

在某些方面，這個故事描繪出羅馬省府官員的腐敗程度之狂妄，但也告訴我們，受害者可向皇帝控訴。在這個案件中，如果李錫尼沒有主動告知，奧古斯就都會採取行動來遏制暴政。在奧古斯都統治時期盛行的一種貪瀆行為，與他給人們現金獎勵的習慣有關。很顯然，皇帝不會自己拿出這筆錢（就像英國女王一樣，身上不帶錢），而是由其他官員來支付。由於這個麻煩，官員亦習於剝削人民。奧古斯都的繼任者提比略後來得知這件事，就改變了做法，當場給錢（Dio *Roman History* ***57.10***）。狄奧稱讚提比略，因為他是用帝國的正常開支去付這些款項，而不是用沒收人民的莊園或其他欺騙手段去獲得資金。我要再提醒一次，狄奧所描繪的政權，官員很容易就能貪汙，但這些弊端一旦見光就會被遏止。狄奧為什

麼選擇描述這個故事？是否顯示帝國施政沒有原則？目的更可能是在顯示，提比略皇帝起初並不是毫無顧忌的，至少與他後來的表現相比是這樣。

另一個故事或許最能呈現皇帝的態度。埃及總督艾米里烏斯（Aemilius Rectus）曾繳付比規定更多的錢，於是提比略皇帝傳回了一條訊息：「我想要幫羊剪毛，而非剝皮」（Dio *Roman History* ***57.10.5***; Suetonius *Tiberius* ***32***）。皇帝將相當大的權力下放給總督和官員，大家心照不宣，明白有獲得大量財務利益的機會，但也知道要有所限制。然而，政府沒有採取任何措施去發掘不法行為，但當不法行為曝光，反應都會很大。換句話說，羅馬並不想對擁護者窮追猛打，但希望人民看見他們會遏制最嚴重的極端行為。

現在，我們必須非常小心，這些色彩豐富的軼事，是由羅馬作家揀選寫作而成的，它們將原本枯燥的歷史變得生動（正如我在這裡用這些故事寫書一樣）。這些故事不能簡單用來當作羅馬如何治理帝國的證據。事實上，隨著帝國愈加成熟，對總督行使權力的限制也愈多，這是因為羅馬公民權變得愈加普遍，也是因為皇帝變得愈加注意代表他的官員所做的事。小普林尼在擔任總督期間寫給皇帝一封信，這封信提供我們一幅截然不同的圖畫，看見的是一位勤奮而深思熟慮的官員，具有敏捷的判斷力，從不做出任何疑似逾越管轄權的事。他在致圖拉真（Trajan）皇帝的一封信中說：「先生，我乞求您，請您給我建議，給我指導。我不確定守衛監獄該用官奴或士兵」。這件事根本微不足道，不需要帝國的指示，但圖

拉真回信，告訴普林尼不要浪費好士兵在守衛監獄上（*Letters* **10.19 & 20**）。我們在此感受到小普林尼努力強調自己的明智和忠誠——皇帝不必擔心小普林尼膽敢冒險犯上。後來他把與皇帝往來的信件重新潤飾、準備出版時，也盡力顯示他做總督比一般人更好。即使只是一位普通的總督，他的行為也可能遠比許多歷史軼事中展示的極端貪瀆與暴行來得高尚。

如果我們查閱總督和法官一些處置罪犯的情形，情況是一樣的。閱讀羅馬法律書籍時，幾乎可以聽到頁面傳來鞭打聲。《法學匯纂》中關於刑求的部分說：「為了偵查犯罪，酷刑是慣例」。重大刑案更是如此：「重叛國罪中，如果需要證詞，視情況所需，所有人無一倖免，都會遭受酷刑」（*Digest* ***48.18***）。這等於是說，罪犯被判在礦場勞動至死或被野獸撕咬而死根本不算什麼。這些殘暴的案例很常見，可見這是一個法官施虐的制度。雖然羅馬法律的確有非常嚴厲的一面，但法官不能任意妄為。事實上，羅馬法律中明定量刑規則。《法學匯纂》中關於處罰的部分，詳盡說明了犯罪構成的內容——無論是竊盜或謀殺等行為、侮辱等語言陳述、偽造等書寫行為，還是陰謀罪中的教唆等（***48.19.16***）。這四種類型的犯罪，需依照七種不同主題斟酌考慮：原因、人、地、時、性質、數量和結果。原因可能是傷害罪中的打人，例如，主人打奴隸是得到許可的（但不能打別人的奴隸）。關於原告和被告的社會地位，例如自由人、婦女或未成年人，在量刑時都會列入考慮。地點決定行為，如偷竊行為是否確為偷竊，例如偷的是一間神廟，事實上是褻瀆罪，因有可能冒犯了眾神，

應受到更大的懲罰。時間決定一個奴隸是暫時失蹤還是逃跑，如果是在夜晚犯下竊盜罪，罪行會更嚴重。犯罪性質指的是評估一件罪行有多麼可怕，例如偷竊被看見比沒有人看見的更嚴重。一般認為，當地人之間的暴力爭執不如攔路搶劫嚴重。數量評估犯罪的嚴重程度：被偷的只有一隻羊還是整群羊？作出判決時，法官還需要考慮犯罪是蓄意還是意外。某些地區的某些罪行，可能會受到較嚴厲的懲罰，例如在出口糧食的非洲省，燒毀農作物的罪較重；金銀礦區附近的地區，會特別加重製造偽幣者的懲罰。大部分地區對強盜罪都判很重。不過，並非每個法官都嚴謹遵循這些準則，但正如格利烏斯一案所顯示，有人確實克盡己職，從來不會任意懲罰。

注意差距：理想與實際

不令人意外的，在羅馬帝國「法律正義的理想」與「系統制度的實施」之間，兩者在天平兩端存有差距。這種理想可見於制式訴狀書等文件的開頭陳述：「我的總督大人，您堅定不移的正義已施行於所有人，也包括我，我受到不公義的對待，向您求助，願您拯救」（*P. Oxy.* ***2131****, dated AD* ***207***）。在現實中，提起訴訟需要時間、金錢，也需要熟悉法律制度。由於缺乏司法培訓，分配人員有限，案件和訴願數量巨大等，羅馬的法律系統深受效率

不彰之擾。進入法院聽審階段並非易事，原告需要有堅定不移的決心。

即使案件到達法庭，最可能出現的問題就是相關人員缺乏適當培訓。在某些案件中，明顯可見沒有人知道真正的法律條文，法官只是自由裁量。了解法律並不像說起來那麼簡單。我們可以看到，羅馬帝國直到末期所蒐集製作的大法典中，有提高法律效率、增強中央集權官僚權力的驅動力。早期的帝國法律，是由不斷擴大的法學意見、帝國法令、皇帝敕令和前例所組成。想要閱讀這些文件並不容易，法官、律師和訴訟人只能盡其所知。這些法律通常會互相矛盾，因此法官必須決定要採用哪種法律原則。如果法官勤奮工作，努力研究法律，便能降低聽審的案件數量。在某些案件中，準確性只是剝奪別人伸張正義的機會。

伸張正義有另一個實際的問題，就是法庭對相關人士的偏見。正如佩托尼奧在《愛情神話》（Petronius *Satyricon*）小說中有一個角色，在權衡是否要上法庭時說：「這裡沒有人認識我們，沒有人會相信我們所說」（*14*）。可以想像，法官認識當地的重要人物，並且不願意對抗他們。更重要的是，羅馬社會多不擇手段，而法律經常被當作武器。《法學匯纂》有一部分講述的就是一些人受僱製造麻煩，使無辜人民身陷水火之中（*Digest 3.6*）。我們發現許多文獻中記錄假控訴，顯示有些羅馬人為了贏得官司而不惜說謊。這麼做很冒險，因為若被察覺可能會惹得法官震怒，但由於法官非常依賴證人的聲譽，因此我們很容易知道為何許多人認為自己可以僥倖逃過。今天不難想像發過誓的政治家仍會撒謊，所以相較之下，

羅馬人在這方面並沒有更糟。富裕的羅馬人在法律糾紛中容易占上風。正如普魯塔克在希臘立法者梭倫（Solon）傳記中所說的：「你們的法律就像蜘蛛網……會束縛任何掉入陷阱的弱者，但富人、強者會拿它把人咬成碎片」（5）。法院的決定有時是由政治的權宜之計所驅動。因此，當哲學家皇帝馬可・奧理略（Marcus Aurelius）統治期間發生瘟疫，導致可用於競技場的人力不足時，基督徒便受到迫害，以補充該被「丟給野獸咬死」的罪犯數量。

為什麼在正義的理想與現實之間存在這樣的差距？首先，純粹的正義理想與現實的實際系統運作之間，顯然必定存有差異——一定程度的不足是可以預料的。羅馬系統的實際狀況，即人民預期法官會以常識來解釋法律，造成表面上看來是任意判決。然而羅馬帝國的司法系統，並沒有比其他許多工業革命前社會更糟糕。事實上，羅馬系統的目標受到可用資源規模的限制。其主要目標是維持社會秩序，透過懲罰不法分子以及提供私人解決糾紛的手段，來實現社會秩序。國家最重視的是社會上擁有最大利益的公民，即富人和強者。重要的是，他們要有辦法解決他們自己的紛爭，因為他們有能力破壞社會的穩定。透過法庭審判，這些人至少是在國家所規範的框架內處理私人爭執，另一種選擇則是私刑。

尋求整體適用的方法是不可能的，這樣只會導致訴訟案件無限增加。羅馬法律系統的難度和成本，是降低案件排隊量的一種方式，同時提供富人和關係良好者優先通道。政府希望能夠廣泛滿足社會頂層，其他人則沒那麼重要。

就羅馬埃及的文件而言，我們可以知道這應是當時實際的狀況。法院主要是由高階和中階經濟地位的人所運用，大部分案件都是法院為高價交易所保留的，特別是與房地產有關的交易。

為什麼皇帝要為了公開暴露自己的缺陷而建立一個理想？答案取決於我們如何看待法律在社會中扮演的角色。如果法律只是為了伸張正義而存在，那麼差距會非常大。但法律還有其他作用。最重要的是，它產生一種儀式功能，鞏固羅馬社會內部的權力關係。法律是帝國系統公開形象的一部分，有助於建立一種理想的權威，呈現雄偉、理性和仁慈，使皇帝和臣民之間的不平等社會關係合法化。法庭的規劃、階級分布的空間，以及透過儀式程序控制的過程，結合神祕的司法語言，都有助於產生永久性和合法性的氛圍。畢竟，法院設法想要維持的是這種極其不平等的社會秩序。這麼做是向人民保證，法律反映了對可接受行為的共識觀點，這種觀點本身反映了眾神對羅馬的意志和支持。

大眾的正義

一般羅馬人如何看待這種文字與現實之間的差距？西塞羅在西元前五一年擔任土耳其大陸西里西亞（Cilicia）總督時，他寫道，自己到到來受到人民熱切的期待。此地區一直在

羅馬帝國下遭受令人震驚的不當管理。許多公共財產被盜用，造成城鎮的經濟實力虛弱，稅收卻很高。西塞羅說：「我到處都聽到同樣的故事，人們無力支付人頭稅」。當地人民被迫出售資產，每個城鎮都一片哀號。「人人都厭倦活著。」簡言之，人們希望新總督能夠帶回良好的政府。根據西塞羅的說法，人民並沒有失望，他甚至不願接受人民進獻給馬隻的糧草。結果，所有人從農場、村落和城鎮趕來晉見新總督。正如他在《致阿提庫斯的信》中所說：「在我來到之後，西塞羅的正義、清白和憐憫，帶給他們新的生命」（*Letters to Atticus 5.16*）。

西塞羅的描述顯然偏頗自己，但有趣的是，他對被統治者表現出了天生的正義感。有一句諺語講的是類似的天生權利，獨立於法律外：「就讓阿提庫斯（Attius）得到無異於帖提烏斯（Tettius）的權利」，這句話意指讓所有人（羅馬男性公民）享有平等權利。在許多傳統寓言中，例如《伊索寓言》中農夫與狼的故事說：「你這沒有用處的東西，我希望你能放棄偷盜的犯罪生活，一起來種田」（*Aesop 38*）。

如果帝國大多數居民都有這種天生正義感，當他們看到帝國制度未能兌現自己的偉大主張時，人民是怎麼想的呢？是否會減損人民對制度和社會秩序合法性方面可能有的信仰？還是他們的期望過低，以至完全沒有想法？又是否讓人民認為當權者不尊重法律，什麼都不會做？關於人民對法律的態度，許多學者都抱持樂觀看法，認為人民對當地法律或羅馬法律

幾乎沒有反對意見，人民大多時候也對法律很滿意。然而，不抵抗不一定是來自社會的滿足，可能是出於自身利益或恐懼而服從法律。我們還可以補充，「滿意度」是一個不可靠的名詞，如果期望很低，些許便能得到滿足。

我認為可以挑戰這種樂觀的觀點。人民並不是自動、毫無疑問地崇敬法律＝皇帝。但公開攻擊帝國的機構卻是危險的，因此人們以匿名間接的方式，表達所感受到的矛盾或敵意。燕子和蛇的寓言故事，說的是一隻燕子在法院築巢生蛋，之後一條蛇來了，吃了雛鳥，燕子媽媽哀痛欲絕。另一隻燕子設法安慰牠，說牠不是唯一失去孩子的。燕子媽媽回答：「我不只是因為孩子被吃掉而感到悲傷，是因為我在這個能幫助遭受不公義待遇者的地方，卻遭受到不公義的待遇」（*Aesop* ***227***）。在另一個寓言中（***155***），一隻狼看到一隻羊在河邊喝水，決定設法讓羊變成牠的食物。這寓言的道德寓意是說：「像狼這樣的壞東西，即使透過法律，也無法嚇阻牠」。在這些流傳的故事中，我們可以知道法律的力量差距有多遠，以及人們有多警惕有權力的人。［這並不是說羅馬人不會開玩笑，在唯一倖存的古老笑話書中（*Laughter lover*），一個受教育過頭的人捲入一場官司，他被告知最公正的審判是地獄的審判，結果他上吊自殺了（***109***）。］

在當時，也有人心懷不滿，起身抗爭。《異教殉道者的行傳》（*Acts of the Pagan Martyrs*）主要蒐集西元第一、二世紀的各種大小文件，講述亞歷山卓城希臘語族群的反

抗。這些文件從未集結為具有連貫性的合集，一般只稱為殉道者文集，因為閱讀起來很像基督教殉道者的記述。我們由此找到其中具戲劇性的行動：勇敢的人們起來抵抗壓迫的羅馬政權，例如有個人向省長馬克西姆斯控訴：「如果一個穿著像窮人的乞丐向你請願，你就沒收他的財產，還有他妻子和朋友的財產」（*P. Oxy.* **3.471**）。

為了讓皇帝知道人民的不滿，人民會製造動亂，有時動亂的目標會瞄準帝國形象。在租稅動亂中，群眾會侮辱帝國圖畫或毀壞帝國雕像，例如摔碎、打破或用糞便塗抹。皇帝圖密善去世時，蘇維托尼烏斯說人民對此漠不關心，但圖密善的雕像被拉倒，元老院議員高興地攻擊這些雕像，把雕像當真人來處置（*Domitian 23*）。皇帝的雕像也可以是避難的地方，奴隸若想逃避殘暴的主人，可到皇帝的雕像旁尋求保護（然後會有治安官出來傾聽奴隸的控訴，如果奴隸堅持，可以轉賣給另一個主人）。塔西佗《編年史》中有個故事，講述一個女奴利用這種方式，讓元老院議員得知她的想法。她尾隨一位貴族，然後辱罵他，但手中卻拿著皇帝的照片尋求保護（Tacitus *Annals* **3.36**）。

證據顯示，一般人能夠表達對上級的不滿。人民並不完全相信他們被告知的一切，但倖存證據卻很偏頗，原因很簡單——大多數文件都來自高等教育統治階級，這些人自是支持當時的狀況。對獨裁者說實話並非易事，大多數人只會撒謊，假裝很快樂。我們可以從圖密善雕像的命運歸納出合理的結論——他不受歡迎。然而沒有證據顯示圖密善還活著時，人們

曾經表現出這種敵意。正如其他權貴一樣，一般人民也奉承皇帝。

我們可以理解，大多人民都很警惕當權者。就像《巴柏里寓言》中的野兔說：「一直都在祈禱能有一天，強者也會害怕弱者」（Babrius *Fables* **102**）。但正面抵抗是危險的，因為可能會有羅馬權力劈在你頭上。正如曾經為奴的哲學家愛比克泰德警告過：「如果一名士兵抓了你的驢子，就放手吧，不要抗拒，不要抱怨。如果你不聽，你會被打，而且一樣會失去驢子」（*Discourses.* **4.1.79**）。我們應記住，對大多數人民來說，生活在帝國統治下，是無可選擇的。羅馬的軍事力量會消滅任何真實的反對派。例如《巴比倫塔木德》中記載，猶太人在第一世紀和第二世紀初的起義失敗後，變得更加認命：「你到鄉下去，會遇到莊園管家；你回到城裡，遇到租稅吏；回家以後，你看見兒女都在挨餓」（Simeon ben Laish, B Sanhedrin **98,6**）。猶太教祭司拉比甚至私下慣稱羅馬為「邪惡帝國」。

但這些獨立的證據是否會影響我們對羅馬整體的道德評估？是否為羅馬政府核心道德敗壞提供了錯誤形象？有很多反證證明，相信這個體系的人很多。在二世紀後期，康茂德統治期間，北非一座屬於皇帝資產的莊園中，有一群農民再也無法忍受附近一些軍人老是強迫他們無償做工，所以寫信給康茂德告狀。他們呼喊：「幫幫我們！我們是弱小的農民，靠雙手工作來維持生計，但你的士兵和官員卻壓榨我們」（*CIL* **8.10570**）。他們聲稱當地官員接受賄賂，因此無視投訴，官員覺得皇帝不會去理會他們收受賄賂的指控。果然沒錯。康茂德

回覆要維護農民們的權利，於是農民公開了皇帝的言詞，大肆慶祝。但他們給皇帝的信中有一個重點，農民要求皇帝確認他們的真實情況，並要求皇帝捍衛他們作為自由農民的權利。農民明確表示，如果皇帝不幫農民，農民會拒絕繳稅，還會逃跑，「逃離你的皇家資產，變成逃犯」。正如農民明確表示的，他們並不是一群失去理智的激進分子，他們在莊園出生長大，就像他們的祖先一樣，忠實地為主人工作，「堅守帝國的信任」。簡言之，這些窮人都很忠誠，但他們忍受太多，如今已到山窮水盡的地步。如果皇帝沒有出來撥亂反正，他們就不再相信帝國。

該如何解釋這一切？歷史學家阿加西亞斯（Agathias）描述羅馬帝國末年，在一場地震後的情況：

> 對於理想，人們原本只是嘴巴上說說，很少付諸實踐，卻突然開始變得很熱切，每個人都敦親睦鄰，甚至連執政官也拋開所有追逐個人利益的想法，開始按照法律規定執法，而那些在其他方面有影響力的人，則安靜和平地生活，遠離最可恥的殘暴虐待，率先過著有道德操守的生活。（*Histories* 5.5）

但這種良好行為的持續時間很短，因為恐怖依然活在人們心中。

雖然這觀點可能很誇張，旨在造成一種帝國衰退的形象，但人民的順從告訴我們一些最可能的感受。法律在很大程度上是為了維護富人，最主要是在處理財產糾紛，因此不能將法律視為所有羅馬人所使用和尊重的東西，也不能假設法律具有廣泛的合法性。法律在企圖說服一般人民方面，發揮了重要的作用，讓人民認為社會秩序是由神所制定的，是公平和天然的，因此應該默認。但窮人和平民並不僅是相信和服從，也不是直接抵抗或反對。就像英國人看天氣一樣，只能盡量去適應。

The Politics of Terror

第 4 章｜恐怖政治

元老院議員在托加長袍內部的口袋中摸索著：「你想要多少錢？」他從躲藏的陰影中向外探頭，有隻手臂從另一條托加長袍下伸出，拿著一個卷軸。「這東西正火熱，議員，你會很震驚。」兩隻手交換了一小袋金幣，兩人隨即匆匆分開。議員迅速穿過羅馬骯髒、彎曲的街道，遠遠甩開乞丐貪婪的手，直奔埃斯奎里（Esquiline）丘上私宅別墅自己的房間。他氣喘吁吁地拿出卷軸，放在桌子上。當他用顫抖的手撥開蠟封，一滴汗水從額頭掉到桌子上，同時蠟封也輕聲裂開。議員展開卷軸，彎下腰來低頭看，鼻子幾乎快碰到桌子般，努力在蠟燭光線下辨識文字。是的，這是真品。

在尼祿執政期間，一位名叫維安托（Fabricius Veiento）的元老院議員寫了關於其他議員和祭司各種誹謗和諷刺的故事，自稱

是「最後遺囑和證詞」。皇帝覺得不快，所以放逐了維安托，還燒了他的書。但禁令和焚書只會讓人們變得更想要知道，而塔西佗的《編年史》描述了人們如何急於想要得到這種傷風敗俗的東西，不過很不幸，一本都沒有留下來（*Annals* **14.50**）。生活在皇帝的統治下，消息受限，人們從未真正知道發生了什麼事。他們如今有機會聽到貴族階級的罪行和惡習，然而尼祿被暗殺後，維安托便回歸，還成為皇帝維斯巴辛（Vespasian）和圖密善的最愛。現在他再度成為這個制度的一部分，人們對他的淫穢故事也失去了興趣。為什麼有人會相信一個成功政治家所傳播的謠言？

謠言在帝國統治下蓬勃發展。匿名和非正式的八卦是人民能夠說出他們對皇帝真實想法的唯一途徑，也是人民討論改變政權的唯一途徑。即便如此，他們也必須非常小心，因為批評很容易傳到當權者的耳裡。實際的謀劃必須執行得非常謹慎，這可是叛國罪，我們將在本章中看到羅馬皇帝如何更嚴肅認真地對待犯罪——畢竟，如果他沒有阻止陰謀，他可能很快就會死。就像羅慕路斯和雷慕斯兩人為羅馬的創立使命而搏鬥一樣，因此羅馬帝國的高階政治始終是生死攸關的問題。羅馬人深深著迷於這種持續的政治鬥爭。同時代的歷史學家，如蘇維托尼烏斯和塔西佗，他們記述的版本塞滿某段統治期間、錯綜複雜的詳盡情節，以及等待作惡者的可怕命運。卡利古拉皇帝的例子，可能是羅馬殘暴行為中最惡劣的。無論施加如何殘酷的懲罰，他都不眨一眼。當野獸食物短缺，卡利古拉命人拉出罪犯，讓他們排隊，

從裡面挑人出來餵給野獸。據說皇帝喜歡一邊享受晚餐，一邊看犯人被鋸成兩半。

叛國罪是羅馬帝國政治制度運作的核心。威脅和恐怖戰術是羅馬皇帝處理事務並控制下級的重要手段，凡是敢抵抗或策劃謀反的人，便施以酷刑。間諜偵查和捏造指控，都是皇帝的重要武器。但當我們在羅馬歷史學家的敘述中閱讀這些可怕的故事，留給我們的印象是獨裁專制的任意和非法行為，而非受到威脅的政治領導人的合法反應。塔西佗解釋，他之所以寫《歷史》這本書是因為，從尼祿死後的內戰到暗殺圖密善的時期，是一個暴政時期（*Histories* **1.2**）。壞皇帝掌權後，出身高貴、富有，甚至拒絕或接受任職，都可以成為政治指控的依據。塔西佗聲稱，局勢非常惡劣，使得美德會帶來最確定的毀滅。皇帝為告密者提供巨額獎金，以追蹤他們所擔心的人。法院的祭司、執政官和祕密勢力，只能提心吊膽，怕同僚中會不會有人被皇帝收買而背叛，由於告密者橫行，導致各地出現浩劫。每個人都對這些間諜又恨又怕。

塔西佗所描繪的壞皇帝統治，並不比恐怖統治更好。兩者擁有同樣的合法性與權力。在許多方面，羅馬法可被視為代表上層階級的利益，特別是有產階級。但就叛國的政治犯罪而言，我們可以看見，只是簡單地將羅馬貴族歸為單一無差別的族群，有時並不能解釋這個社會族群令人難以置信的競爭程度。即使他們確實共享廣泛的階級興趣，仍彼此希望能在階級中獲得最佳的位置。

以這層意義來說，皇帝的行為可得到理解，這就是位於貴族競爭之上的領導者的合理反應。要時刻注意是否有刺客潛伏，或忠誠僕人變成叛徒，想必是很恐怖的。恐怖手段使得所有人都只能站在皇帝下面。部分原因是想要徹底剷除實際的陰謀；部分則是以隨機的方式行事，便沒有人能預料下一步的行動；另一部分則是恐怖的風險太高，讓人們覺得不值得去挖掘潛在利益。整體來說，在羅馬高層生活的持續政治鬥爭中，恐怖使得皇帝能夠一直保有主動權。

皇帝害怕陰謀是正確的。卡利古拉、尼祿、圖密善、康茂德等，只是一長串名單中幾個被謀殺的皇帝（以及傳言中被謀殺的）——他們全都死於陰謀。因此倖存的文獻資源著墨於這些不完美統治者的命運，自然也就不奇怪。但叛國的指控帶給皇帝在政治上另一個大好的機會，一個寬容的機會——皇帝想要成功，令臣民真正忠誠，便永遠不能完全依賴恐懼。他需要表現出更廣泛的情緒反應，以突顯他的能力超越了政爭暴力，最好的方式就是赦免反抗者。有時這種寬容看來似乎相當險惡，因為這通常表示，被告有機會以自己的死亡（流血或被刀劍刺死）換取家人僥倖能夠維持地位和財富。由於在羅馬帝國，家族財富即為成功的基石，因此這樣的機會確實可視為寬容。

叛國的類型

對一個羅馬皇帝來說，法國路易十四說得真切：「朕即國家」（L’état, c’est moi）。從技術上來說，第一個皇帝奧古斯都把自己定位為「第一公民」（*princeps civitatis*）。他和支持者所創造的公開形象，表示皇帝看起來必須像個普通公民。他的行為舉止必須要符合他的大眾形象，雖然這並沒有反映皇帝實際上真正的權力地位。當然，這種簡樸特性會破壞皇帝主張的神性（不過這種狀態唯有在元老院投票賜死後才能實現）。但奧古斯都所建立的帝國形象，有一個關鍵組成部分亦由繼任者繼續維持，這部分就是他的權柄並不僅是殘暴。殘暴僅僅反映了他的權威，拉丁語稱為*auctoritas*。換句話說，皇帝之所以是皇帝，是因為他應該是皇帝。奧古斯都的崇高地位，亦反映了他的道德高位，元老院和羅馬人民都認同這一點，因為他是這份職務的最佳人選。

由於羅馬皇帝的形象對統治的合法性至關重要，任何可能破壞這種形象的事物都是有害的。叛國罪不只是陰謀和企圖暗殺，凡傷害皇帝威權的罪行都算（*Crimen laesae maiestatis*）。任何無禮或汙衊的行為，都會對帝國形象構成有害的攻擊。當然，皇帝本人和臣子會自行決定什麼算是真正的侮辱行為，所以叛國行為包含的範圍很廣，有效給予皇

帝極大自由來摧毀任何現實或想像的反抗。其中一些指控，被當時的歷史學家稱為完全的捏造。

《法學匯纂》中關於叛國罪的部分，提供了可能犯罪的完整清單（*Digest* **48.4**）。首先它指出，犯罪不是面對皇帝，而是面對羅馬人民。就皇帝而言，他是羅馬人民的化身和期望，因此傷害他就等於是傷害人民。向敵人提供訊息或煽動軍隊反叛，毫無疑問是叛國的定義。聚集武裝團體、占領公共場所、威脅國家安全，也屬於相當明確的案例。至於「召集群眾聚集動亂」這種案例，似乎很清楚，任何群眾都很容易適用，無論他們集會的性質為何。因此，任何公開或私人集會，都有可能被解釋為政治事件，進而對國家構成威脅。政府當權者似乎確實害怕群眾，認為人民會引發暴力和火災、攻擊官員，甚至阻止埋葬屍體（*Digest* **48.6**）。這些擔憂一部分源於當今所有國家都想要維持秩序的同樣期望，但亦反映了帝國大部分地區的警戒維安程度非常低。幾個士兵可能已足夠控制獨立的暴力罪行，卻無法應付團體暴力爆發。暴動很快會失去控制，若未自行調解消散，就需要軍隊干預才能弭平。

形象對帝國政權的重要性，意謂著汙衊雕像也可被解釋為叛國行為。法律詳細載明，任何對皇帝雕像扔石頭或不小心撞到的人，都不是叛國罪，但可以想像，如果你被別人看到自己做過這樣的事，你會感到恐懼。由於人民對帝國形象的處理如此偏執，二世紀時的皇帝還必須明確表示，販賣皇帝雕像是允許的（只要不是在神廟中祭祀過的）（*Digest*

48.4.1.5）。塔西佗曾記述過一個案件，有人將皇帝的銀製雕像熔化，後來被判無罪釋放（*Annals* ***3.70***）。皇帝卡拉卡拉（Caracalla）將對著他雕像尿尿的人都定罪，親自解釋了這種行為（他是對的，羅馬人的確在他去世時拆毀了他的雕像。出自《後期羅馬皇帝的生平》*Lives of the Later Caesars* ***5.7***）。不僅是雕像，任何損毀皇帝畫像的行為，都可能算是叛國，語言攻擊也一樣。根據《查士丁尼法典》，後來西元三九二年有條法律明確指出，如果犯罪者是喝醉酒或精神失常，皇帝可原諒，但法律還規定，在獲得寬恕之前，皇帝要確切知道侮蔑的內容（*Justinian Code* ***9.7.1***）。

不過有個問題是，官員不願放棄任何可以「嚴厲處置所有被指控冒犯帝國形象者」的機會，來強調自己對政權的忠誠。有條法律敦促法官考慮被告過去的行為，以決定所犯罪行是否只是不經易的失言。它說，魯莽的人有時應該視作瘋子加以寬恕。畢竟，皇帝的統治如此完美，有什麼會比批評皇帝更為瘋狂（*Digest* ***48.4.7.3***）？相反地，法律亦規定，發現叛國行為共犯的重要性，以作為衡量威脅嚴重性的手段（Paul *Opinions* ***5.29.2***）。根據狄奧《羅馬史》所記載，為了幫助實現此目標，奧古斯都從奴隸下手，首先強迫主人將奴隸賣給他，以規避奴隸不可提出證據違抗主人的限制，然後便可以任意刑求奴隸，以探知前主人真正的計劃（Dio *Roman History* ***55.5***）。

達摩克利斯之劍

西塞羅想要描繪權力所帶來的不幸，於是講述達摩克利斯（Damocles）的故事。他是西西里島敘拉古國王戴奧尼修斯二世的一位倖臣。達摩克利斯曲意奉承，讚嘆戴奧尼修斯多麼幸運，擁有如此的財富權力。於是國王便讓達摩克利斯和他交換位置，讓達摩克利斯能夠親身體會當國王的感覺。國王讓達摩克利斯坐在寶座上，然後在他頭上掛一把劍，只用一根馬尾毛懸吊著。達摩克利斯立刻乞求國王放了他，因為他了解，權力會帶來恐懼和危險（*Tusculan Disputations* **5.21**）。

生活在這樣的氛圍中，皇帝會有各種不安全感。首先是害怕被暗殺。西元一八二年末、一八三年初，皇帝康茂德坐在羅馬競技場的皇室包廂中觀賞競賽，一位朋友昆提阿努斯（Claudius Pompeianus Quintianus）輕快地向他走來。昆提阿努斯已與皇帝妹妹盧西拉的女兒訂婚，據說他與岳母也有私情，但不管怎麼說，他與康茂德成為朋友，一直和皇帝一起參加宴會，根據一份文獻，他也陪伴皇帝參加一個稱為「青春之旅」的團體。但這回昆提阿努斯沒有高興地問候皇帝，反而拔出劍，喊道：「元老院送你這把匕首。」皇帝禁衛軍隨即做出反應，康茂德後來安然無恙地逃脫，但也牽扯出了很多人（Dio *Roman History* **23.4**）。

根據一些當時的紀錄來源顯示，暗殺的主謀是皇帝的家人——大姐盧西拉所為，事後她受到流放，後來被殺，但她的孩子都倖免於難。昆提阿努斯是否真的揭露了暗殺企圖的真相？這個計劃是否在元老院的廣泛支持下策劃的？我們不得而知。但如果康茂德把昆提阿奴斯的話當真，他與元老院的關係繼續惡化也就不足為奇了。康茂德在統治期間面對的是一系列的陰謀，造成他感到自己愈加脆弱，因此對敵人採取更獨裁的態度。康茂德內心充滿恐懼，無法信任身邊的人，大舉退出公共事務。他當然不是羅馬面對皇帝職位產生焦慮反應的第一位或最後一位皇帝，羅馬的第二任皇帝提比略，在一個半世紀之前出現過同樣的反應，因此他搬到卡普里島的別墅居住。

昆提阿努斯企圖殺死康茂德，揭示了這些陰謀經常與皇帝最親近的人有關。家族經常是潛在競爭對手的來源，因此我們發現，皇帝因為恐懼，所以常常用叛國罪指控別人。例如，尼祿處決了克勞狄烏斯的女兒安東妮亞，因為她拒絕嫁給尼祿（他指控她意圖革命）。歷史學家蘇維托尼烏斯說，尼祿以同樣的方式對待所有與他有血緣或婚姻關係的人，其中包括年輕的奧魯斯（Aulus Plautius），據聞尼祿的母親與他有外遇。這種私通關係似乎使奧魯斯相信自己有奪取王位的權力。據稱，皇帝在他死前性侵了他，並說：「讓我的母親現在來親吻我的繼任者。」尼祿的妻子波培亞（Poppaea）在前段婚姻中有一個繼子，名叫魯弗里烏斯（Rufrius Crispinus）。妻子去世後（據說是由尼祿所造成，他踢了她懷孕的肚子），

男孩去釣魚，尼祿指使孩子的奴隸把他淹死，因為尼祿聽說這個男孩喜歡玩假裝自己是皇帝的遊戲。他甚至放逐了自己保母的兒子圖斯卡斯（Tuscus），因為對方在埃及執行公務時，用了專門為尼祿造訪當地省份所建的浴池，冒犯了尼祿皇帝（*Suetonius* Nero *35*）。

蘇維托尼烏斯指控尼祿褻瀆了這些親密關係，但在某種程度上，皇帝所擁有的權力都會弄髒這些關係。既然是皇帝，就不可能不懷疑親信和家人。尼祿可能比大多數人更偏執，或面臨更多威脅，但所有皇帝都必須面對這種可能性——親信和家族成員或許會設法謀殺自己。

皇帝也可利用叛國罪來控制身邊的人，並為國家金庫創造額外收入。尼祿被指控以這種方式濫用叛國罪。根據蘇維托尼烏斯的紀錄，皇帝花光了最後一塊錢，沒有辦法支付軍隊薪資，對皇帝來說這是危險狀況。於是尼祿發揮創意，頒布財經相關敕令，例如規定任何與皇帝姓名相關的自由人，必須將遺產的六分之五交給皇帝。他也宣布敕令，鼓勵人們告密，提出叛國罪，然後將罪犯的財產充公（Suetonius *Nero 32*）。同樣地，據稱圖密善也是開銷驚人，他也利用叛國法增加收入。在任何人所提出的任何指控下，無論被告生或死，財產一律充公（Suetonius *Domitian 12*）。正如小普林尼在《頌詞》中所說，國庫因叛國罪指控而充實，「這是指控無罪者犯罪的唯一辦法」（*Panegyric 42*）。

圖密善死後，繼任者內爾瓦只短暫統治羅馬一年多，便由圖拉真順利繼位。小普林尼

在《頌詞》中稱讚圖拉真停止依賴告密者，並視公民和元老院議員為朋友，而非奴隸。我們應該相信他的說法嗎？這不免容易令人產生憤世嫉俗的聯想，認為這是野心勃勃的朝臣在拍馬屁。或者說，小普林尼必須要這樣奉承，因為他要在皇帝面前發表演說，所以別無選擇。但我認為從他的敘述，以及大約同期蘇維托尼烏斯和塔西佗所記述的歷史中推斷，至少皇帝在帝國政府的統治風格有所轉變，這點是正確的。尼祿和圖密善與元老階級失和，並運用法律來管理和控制這些強大而有潛在威脅的人。後來高階地位的歷史學家，便在文字紀錄中將惡評送給這些衝突。小普林尼對圖拉真裝腔作勢的評論可能是誇大，但至少在歷史紀錄中，圖拉真即使不算是「最好的」皇帝，也算得上是一個賢明的皇帝（元老院曾封他為「最優秀的第一公民」）。他從旁管理貴族階級，不是權威式上而下的統治。看看他對好友敘拉（Licinius Sura）的作為。有人責備說，敘拉對皇帝的影響太大，因此可能產生野心，想自己當皇帝，引發擔憂。於是圖拉真沒有預警地造訪敘拉的家，證明了敘拉的忠誠，他將自己的保鑣解職，還命令敘拉的理髮師用剃刀幫他剃鬍子（Dio *Roman History* ***68.15***）。

若元老院與皇帝的關係破裂，只會導致相互恐懼和猜忌。康茂德皇帝統治期間有個典型的事例。康茂德在競技場狩獵動物，當時他射出一支箭，削掉一隻鴕鳥的腦袋。皇帝對著元老院前兩排座位的議員，一手拿著鴕鳥切斷的頭，另一手舉起沾滿血的劍。歷史學家狄奧說，元老院議員們停止嘻笑，從頭上顯示財富地位的月桂冠拔下葉子，丟進嘴裡咬緊，以忍

住不笑。我不認為康茂德是在開玩笑，畢竟他當時剛處決了大量的羅馬高官，從他自己的家族成員，到六位前執政官滿門抄斬，再到現任執政官、殖民地總督，還有其他無數的人。如果你想知道我的想法，我認為元老院議員們都嚇壞了。

在這種恐慌和偏執的氣氛中，很容易看到信任如何徹底崩潰。野心勃勃的人可以不擇手段利用這一點為自己謀利。一位名叫桂普斯（Graptus）的帝國自由人，在尼祿對蘇拉（Cornelius Sulla）怪異猜忌中，擔任挑撥角色。蘇拉很謙卑，但尼祿認為這是一個聰明狡猾的人故意表現的態度，他知道如果被人們視作聰明人，就會有危險。尼祿喜歡在晚上去首都的米爾維安大橋（Milvian Bridge）地區，那裡有酒吧和妓女，而桂普斯宣稱，蘇拉在皇帝從弗拉米尼安大道（Flaminian Way）回來的路上設計埋伏攻擊。沒有證據，加上這樣的計畫顯示被告太過愚蠢，更不用說去執行埋伏。但為了安全起見，尼祿流放蘇拉，讓他安然無恙地去到馬希利亞（現在法國馬賽）（Tacitus *Annals* **13.47**）。這種不公不義的專制，對社會高階地位的作家影響很大。塔西佗擔任元老院議員，升任執政官，小普林尼也一樣，後來擔任總督。蘇維托尼烏斯是為圖拉真和哈德良兩個皇帝工作的官員，如果精英階級和皇帝之間的關係破裂，這些人將直接面臨衝擊。這就是他們為何在著作中會如此表現的原因。

這些古代作家對我們的觀點，有何重大影響？塔西佗和蘇維托尼烏斯所撰寫的歷史，已形成現代關於古羅馬的著述基礎，根本無法擺脫它們的影響。英國作家羅勃・格雷夫斯

（Robert Graves）的小說《我，克勞狄烏斯》（*I, Claudius*）是一本虛構傳記，書中大量倚重這些古老的文本，廣泛延續了大眾對皇室的形象認知，堪比毒蛇的巢穴。這是一種近來反覆傳播的觀點，造成羅馬政治的流行形象，無論是電影《神鬼戰士》（*Gladiator*）中謀殺父親的康茂德，還是HBO《羅馬》電視影集中陰謀不斷的皇室。我們能否拋開這些印象，對羅馬政治生態形成公正的評論？還是毫無選擇的餘地，只能根據當時政治方面的紀錄，以有色眼光去看待古羅馬事件？

自由戰士？

到目前為止，我們都把焦點放在討論精英階級的叛國行為，但也看見一般人反對統治階級的證據。埃及在抵抗外國統治方面，具有悠久的傳統，他們先被希臘人亞歷山大大帝征服，然後由後繼的托勒密王朝（Ptolemies）統治。一份三世紀莎草紙預言：「富人會變得很糟。他們將被迫放下驕傲自負，財產也被沒收，送給別人……窮人將高升，富人受貶抑」（*P. Oxy.* **2554**）。《西比拉神諭》（*Sibylline Oracles*，注意這不是羅馬皇帝遭逢危機時用來尋求指示的《西卜林書》）認為未來將有一個時期，「不潔」和「悲哀」的狂歡之城羅馬，將被現在的領導者所摧毀。羅馬將「淪為灰燼」，年輕男女會被賣掉，變成奴隸，就像

它對待戰敗國的人一樣（***5.386-433; 5.155-78; 3.356***）。在這些文獻中，尼祿成為羅馬邪惡的化身。雖然這些著作很容易被視為非常罕見的人民反抗行為，但至少可顯示，思考正義或其他帝國統治事項的不僅僅是羅馬的精英階級，即使是一般人也能夠想像日後社會秩序將被完全推翻。

我們不可能知道這些情緒在羅馬受統治者中是多麼普遍，畢竟殘存的文獻只是少數，寫作不僅危險，還需要具備寫作能力。透過觀察人們所做的事而非所說的話（這我們不知道），或所寫過的內容，我們或許可以更深入了解人們如何質疑政權的合法性和有效性。或許我們在體制中能找到最好的、能被解釋為批判行動的例子就是暴動。原因之一是，我們確實握有證據。前面看過，各種公開集會都可能是叛國罪。當權者對這種集體行為特別注意，因為那可能會破壞體制的穩定，雖然只是暫時的，卻會造成很大的傷害。文獻並不關心有多少暴徒死亡或訴求細節，只關心可能造成的政治後果。但至少精通寫作的精英階級認為值得記錄在歷史中，使我們得知一般人集體行動的細節。

暴動最常見的原因是食物短缺。歷史學家阿米阿努斯稱食物為「常見」原因（*Histories* ***21.12.24***）。通常不是因為食物真正短缺，而是出於恐懼，例如因為北非運糧船久久沒有抵達。從技術上講，這種暴動可解釋為叛國，但實際上，我們發現皇帝和總督對這些暴動的容忍程度很大。原因是這種暴動不具任何政治上的顛覆目的，只是希望能與當權者建立對話。

對人民來說，如果食物短缺的恐懼不斷累積，那麼確保聲音被聽見的最佳方式，就是大聲喊出來，並輔以肢體暴力，因此將這種情況視為無腦暴力行為是錯的。整體而言，群眾的目標是為了要重建正常的政治協定，政府確保提供平價食物以換取群眾的支持。這是一種保守勢力的爆動，旨在恢復秩序。

不過，人們需要如此努力才能讓自己的聲音被聽見，這個事實已說明一切——當權者對人民的日常問題沒興趣，但確實對可能影響公共秩序的問題感興趣。

當然，我們偶而可以看見精英階級在一些場合想方設法擺脫那些加諸在自己身上的期望。敘馬克斯（Symmachus）敘述，當糧食和橄欖油短缺，富人會因離開羅馬而被冠上罪名，因此他們必須小心這種行為，以免使自己背負「不關心一般公民命運」的罪名。對皇帝來說，這也是一個危險的時機。他的權勢部分來自對人民的仁慈照顧，以證明統治合理又合法，所以時勢的艱難，會破壞他威權的普遍正當性。當各省發生暴動，皇帝常會強迫當地權貴去平息局勢，以鞏固人民對遙遠統治者保有仁慈的形象。

並非所有暴動都有這種政治保守的目標。阿米阿努斯指出，暴動是關於「微不足道但嚴重的事」（*Histories* **15.7.2**）。有條法律是關於一群年輕人在公開場所行為不端，引起群眾的不滿（*Digest* **48.19.28.3**）。我們在前面看過紐塞利亞人與龐貝人之間的爭鬥（參43頁），導致許多人死亡，便是源於觀賞角鬥士競賽的「小事」（Tacitus *Annals* **14.17**）。當

權者對這種暴動可能會更嚴厲，因為它沒有什麼偉大目的。龐貝被禁舉辦競賽十年（不過禁令很快被解除，或根本沒人在乎）。

這些競賽為群眾提供了表達政治觀點的好機會。在塞維魯（Septimius Severus）統治期間，人民厭倦了長久的內戰，他們齊聲鼓掌並大聲唱：「我們要打仗多久？」但隨後又感到厭倦並高喊「已夠了」，最後他們的注意力回到了競賽（Dio *Roman History 75.4.4*），或許是因為知道不要太過逼迫統治者比較好。

這些競賽在各方面都取代了共和時期盛行的集會，為皇帝與人民提供一個具有節慶歡樂精神的場合，可供人們在此抒發意見。然而，表達不同意見並非常態。這些例子是從上流階級男性點滴蒐集而來的歷史，目的在寫給其他上流階級男性閱讀，一般人只是在高權者的故事中擔任路人角色。但這些例子確實顯示，人民有時可對統治政權採取批判的立場。為了做到這一點，公民對皇帝虛華的語言與實際情況差距過大時，必定是保持警惕的。毫無疑問，一般來說人們清楚，言論與現實間存在一些差距，但口頭或暴力投訴的風險很高，因此主要都是私下抱怨。但當皇帝或臣子顯然未能提供社會基本的食物和正義，抵抗的風險就變得值得一試。

《使徒行傳》提供了一個有趣的線索，讓我們了解群眾的政治影響力有多大。文中敘述，耶穌死後，十二個門徒和保羅在東方和羅馬傳播福音，這些訊息導致六個不同地方的

公共秩序崩潰。在帖撒羅尼迦（Thessalonica），關於保羅和追隨者的描述為「這些人一直在顛覆世界」，他們都「違背皇帝的命令，說有另一位名叫耶穌的王」（*Act of the Apostles* ***17: 6***）。有一次，門徒彼得和約翰被帶到聖殿領導面前，他們因為蠱惑人心被要求閉上嘴巴。保羅在以弗所（Ephesus）引發了動亂，因為他的傳教威脅到當地阿蒂米斯（Artemis）宗教中心和其祭祀相關的生計。以弗所人衝到劇場，大喊了兩個小時：「大哉！以弗所的阿蒂米斯啊」（***19: 23-41***）。

後來保羅在腓立比（Philippi）遇見一位可預測未來的女奴，便把附在她身上的汙鬼趕走，使一些當地人感到不安。女奴的主人因失去搖錢樹也很生氣，這些人把保羅一行人帶到法官面前，指責他們「造成城市動盪不安」。群眾紛紛起來指控保羅，於是法官下令脫掉他的衣服鞭打他。

儘管保羅是個羅馬公民，照理應能免於鞭刑，但還是被鞭打過很多次。腓立比法官後來發現他的身份後有跟他道歉。各省的地方領導總是擔心發生動亂事件，因為可能會引起羅馬的軍事反應。當然，《使徒行傳》可能並沒有描述羅馬各省一般時期的生活，但留存的紀錄確實令人一窺一般群眾如何參與政治，以及當地領導人如何急迫於讓人民保持沉默。然而，群眾的政治是激進派和保守派的混合體。換句話說，他們無處不在。如果我們希望能發現羅馬人民極端激進的證據，恐怕會感到失望。

抗爭變成暴動的機率很難說。由於羅馬人對個人抗爭的暴力化已有所準備，這表示他們可以很快地集體行動。在蘇維托尼烏斯的《克勞狄烏斯》中，記錄著很高比例的群眾抗爭活動以暴動告終，但這可能只是因情況極端才紀錄。在壓力很大時，人們顯然也會毫不猶豫地攻擊皇帝。在糧食短缺期間，克勞狄烏斯在古羅馬廣場被一群憤怒的暴民包圍，群情憤慨，口出惡言，還用硬如石頭的麵包砸他。皇帝很幸運，從後門逃回了帕拉丁丘上的皇宮（Suetonius *Claudius* **18**）。

同一部文獻還陳述了，後來克勞狄烏斯努力為城市人口尋找更多的糧食來源。文中也清楚可見，人民並不想傷害他。如果他們想，就會扔真的石頭和使用武器。這就像朝政客丟雞蛋一樣。用一些壞掉的麵包丟皇帝，使他感到羞愧，願意對人民履行職責。後來的皇帝維斯巴辛也蹚過類似的情況，他被非洲總督丟蘿蔔，還有維特利烏斯（Vitellius）也曾被潑糞，不過文獻中並沒有詳述原因。

文獻顯示，皇帝無法容忍反抗。部丟利（Puteoli）一地曾發生過政府官員和群眾對峙，一方控訴群眾暴力，另一方不滿權貴高官強取豪奪。塔西佗描述這些爭執已達到丟石頭和縱火威脅的程度，但公共秩序尚未完全崩潰。皇帝隨後派遣了一隊禁衛軍，禁衛軍的出現使人民害怕、退縮，如塔西佗所挖苦的記述，「幾場處決」也有幫助。塔西佗稱這是小城居民的「和諧」回歸，更準確的描述應為「政治異議的武裝鎮壓」（*Annals* **13.48**）。

當然，派遣軍隊有可能失去群眾支持。通常皇帝極重視人民需求的平衡，會為人民提供需求以維持秩序。倘若出現困境，責備不稱職的官員是方法之一。阿米阿努斯在《羅馬史》中記錄，三世紀皇帝蓋盧斯（Gallus）曾在安提阿城（Antioch）面臨饑荒危機時，拒絕提供幫助，並將責任歸咎於敘利亞總督西奧菲勒斯（Theophilus）身上，這使他後來被人民踹死（Ammianus *Histories* **14.7.5-6**）。通常這些總督都無力可施。同一時期，另一位羅馬總督帖土羅（Tertullus）因無法提供足夠糧食，面臨憤怒的群眾。他想出辦法，帶著自己兩個年幼的兒子對暴徒表示，除非風向改變，穀物船能夠停靠，否則他們全家也會餓死。這是一個絕望的策略，但奏效了。人們可憐孩子，於是安靜下來，意識到大家都在同一條船上，於是開始祈求大海風平浪靜，後來風暴終於平息（Ammianus *Histories* **19.10**）。

害怕群眾

從羅馬歷史學家所記述的暴力群眾抗爭事件中，顯見其中具有他們所認為的政治意義，同時也反映出一種恐懼，就像克勞狄烏斯一樣，當統治精英被群眾包圍，他們也害怕帶有敵意的侵略性。在帝國六到七千萬人口中，元老院議員、騎士和統治階級人數約為十萬。位於此動蕩的群眾之上，是一種非常令人不安的經歷。這就是為何我們在現存歷史紀錄中，

對任何類型的群眾集會，都可看見這種不安感。他們總是擔心這種集會會產生暴力。因此關於煽動叛亂的法律也很激烈，這是為了反擊低階人民帶來的壓力。「煽動群眾者」根據情節程度不同，會被釘十字架、讓野獸活活咬死或流放小島（Paul *Opinions* **5.22**）。

我們不該高估軍隊壓制群眾的能力。鑑於人口規模和帝國土地面積，羅馬軍隊的規模很小，而且主要是為了驅逐敵人，而非壓制國內壓力。傳令軍隊始終是最後的選擇。正如塔西佗的紀錄，在佩達尼烏斯謀殺案中（參52頁），一位保守的元老院議員說：「除了恐怖手段，你無法控制世界上的廢渣」（*Annals* **14.44**）。

皇帝倚賴大眾支持來維持他政權的合法性，但這種對人民力量的潛在恐懼，在上流階級中也相對造成了藐視感。在《狄奧多西法典》中，有法律提到「人民如糞土」（*faex populi*），其中一個案例中規定「平民因為貧窮而落入卑劣低賤」時判處死刑（*Theodosian Code* **9.42.5**）。根據阿提米多羅的解夢，夢到在糞堆上睡覺對富人來說是好事，表示會擔任公職——換句話說，統治人民就相當於坐在糞堆上。值得注意的是，這種藐視通常是對城裡的人民。在共和國晚期，西塞羅在《致阿提庫斯的信》中也曾說過類似「人民如糞土」的事，他認為人民就像地下道裡的汙水（*Letters to Atticus* **1.19**）。尤維諾在《諷時詩》中，抱怨東方的影響力造成羅馬劣化，以及異國人身上的臭味，難聽的說話腔調和生活習俗，他說：「多年來，敘利亞奧倫提斯河一直都將汙水排放到我們所出生的台伯河」（*Satires*

3.62-4）。我要大膽說出，這裡面有一個真理：由於衛生不良、生活條件低下、汙水處理系統欠佳、必須在炎熱天氣下工作，羅馬一般人民聞起來一定很臭。但這種毀謗並不符合羅馬社會不同階級間的和諧概念。

當權者付諸實行，不時打擊並控制群眾集會，這些措施不僅影響公開的政治會議，也影響所有類型的集會，只要看見有人在一起，都可能是在策劃陰謀。我們可從豁免案例中得到許多皇帝觀點的訊息。例如，斐洛在《出史記》（Philo *Embassy to Gaius*）中說，奧古斯都允許猶太人在猶太教會堂集會，因為與一般公民集會不同，猶太集會被視為一種虔誠的表現，沒有發生動亂的威脅（***311-12***）。法規曾禁止一個流行的組織團體——「會社」（*collegia*）。那原先是葬禮互助會，幫助人們存錢舉辦體面的葬禮，但也承擔某些社會功能，如成員會定期舉行晚宴。羅馬城附近的拉魯維姆（Lanuvium）有一個會社，會社的約章留存到現在，規定諸如主席應安排每頓晚餐多少酒和食物。若有會員換座位或吵架、打架，干擾了晚宴，將根據不當行為的嚴重程度處以罰款（*CIL* ***14.2112***）。看起來不像是潛在會發生革命的溫床。加入拉魯維姆會社的費用需一百羅馬銀幣，足以養活一個家庭幾個月，因此成員資格有限，屬於手頭寬裕的人。但我們眼裡看來完全無害的組織，當權者仍對集會中可能發生的事感到擔心，因此下令加以限制，禁止人民同時加入多個會社。奴隸只能加入主人許可的會社（*Digest* ***47.22***）。

小普林尼擔任比提尼亞總督時，與皇帝圖拉真通信，信中就透露出皇帝對會社的敏感程度。小普林尼寫信給老闆說，大火在尼柯米地亞（Nicomedia）城肆虐，對公共和私人建築都造成了很大的破壞。他指責人民讓火焰如此迅速蔓延，因為他們像「懶惰不想動的觀眾」站在周圍。他還指出，由於沒有消防設施，建議設立一個消防隊，就像羅馬的火警隊一樣，不超過一百五十人。小普林尼致力強調，他會確保指派適任的人，這個組織只用於設立目的，不會用於任何其他目的。值得注意的是，這樣一位重要人物，高高在上的總督，也覺得有必要詢問皇帝這種看似無關緊要的問題，但他這麼做是因為知道皇帝對這些問題非常敏感。他是對的，因為圖拉真迅速回復，堅定說「不」，指出同一地區的其他幾座小城一直因為這些會社組織而造成問題。皇帝的結論是：「無論設立目的為何，當男人為了同樣目的在一起，很快就會形成政治會社。」至於火災的風險，皇帝認為財產所有者要自己想辦法熄滅火災（Pliny *Letters* **10.33-4**）。在另一封信中，圖拉真勉強答應，可以在薩姆松（Amisus）建立一個慈善會社，並授予特權令其可制定自己的法規。即便如此，皇帝仍擔心慈善收入會用於動亂，而非幫助窮人。他強調，在其他所有城市，「我會一律禁止這類會社」（**10.93-4**）。對圖拉真來說，叛亂的風險是他一貫嚴密控制的合理因素。

控制謠言和叛亂

正如我們所見，叛國罪不僅事關對抗國家的暴力行為，還包括可能傷害皇帝的批評和侮辱。我們有幾個羅馬人民不畏權勢、嘲弄皇帝的例子：比如關於奧古斯都是私生子的笑話；或年輕的凱撒在同性戀性伴侶關係中是屬於被動接受方（Macrobius *Saturnalia* **2.4.20**; Suetonius *Julius* **49**）；洗衣店外面放著尿盆，因為洗衣工要用尿來處理羊毛，他們稱這些尿桶「維斯巴辛」，因為皇帝維斯巴辛徵他們的稅，他們很生氣（Suetonius *Vespasian* **23**）。笑話僅止於嘲弄，旨在強調皇帝寬容大度的本性。但這些笑話亦顯示出談話和謠言在日常生活中的重要性。羅馬人民多為文盲，主要倚賴語言來獲得消息。

在糧食短缺時期，經常會傳播一種謠言，宣稱富人囤積食物。有些謠言可能為真，畢竟，在食物供應不足時期，人民會特別相信這樣的謠言，而且在窮人缺乏食物的時候，富人囤糧這件事肯定讓他們感到特別惱火。

謠言是一種迫使權勢者發放食物給平民的辦法。有時謠言是關於即時的生死攸關問題。在羅馬大火期間，人們著急地問：「火燒到哪裡？」「怎麼起火的？」「為什麼會起火？」這些問題與後來歷史學家精英們所提出的問題完全不同，後者比較關切的是對公共財

產的破壞（見Dio *Roman History* ***62.16-18***）。羅馬人民想要知道該負責任的人事物，反映的是人民對正義和責任單純的渴望，他們想知道火燒到哪裡，以便逃脫。民間的熱門討論不是以信件或正式歷史的方式來傳達，而是八卦、常識和私下質疑，所有這些都有助於傳播真實情況相關的消息。

皇帝往往是謠言的焦點。皇帝對羅馬的政治生態非常重要，因此相關的事會迅速傳播。這種謠言的傳播一般無害，同時也允許有其他版本的討論和傳播。也許這些故事在傳播者和聽眾之間形成了關聯，這是他們在獨裁者統治下分享恐懼和挫敗感的一種方式。人們會講述各種誇張的故事，許多都與皇帝的官方形象矛盾，其中有些後來還被塔西佗和蘇維托尼烏斯納入正史中。所以我們會看見一些故事「透露」出卡利古拉是多麼殘忍、尼祿有多麼瘋狂、多米尼安多麼偏執。

一般不會有人管制這樣的嘲弄故事。在《異教殉道者的行傳》中，我們看見皇帝康茂德審問一個名叫亞壁安（Appian）的人，質問他關於散播麥子價格的謠言：

亞壁安：「人們將小麥運送到其他城市，以四倍價格出售，賺取暴利。」

皇帝：「誰賺了這麼多錢？」

亞壁安：「獲益的正是皇帝本人。」

皇帝：「你確定嗎？」

亞壁安：「不，但這是我們所聽到的。」

皇帝：「你不應在不確定的情況下散播這個消息。劊子手！」

於是他被帶走，此時他問旁觀者：「你們對我要被處決有沒有什麼話要說？」人們絕望地回答：「如果沒有人要聽，我們又能和誰說呢？」皇帝隨即召回亞壁安，強調一個重點：

皇帝：「現在你知道，你在和誰說話了？」

亞壁安：「是的，一個暴君。」

皇帝：「不是，是皇帝。」

但是亞壁安卻不同意，堅稱皇帝的父親馬可．奧理略（Marcus Aurelius）合乎皇帝的形象，聰明、節儉又善良。他對著康茂德的臉說：「但是你，恰恰相反——你暴虐、不誠實又殘暴。」

這是個很好的故事，但人民與皇帝對嗆並非常態。這種對抗方式也不能抑制批評皇帝

的謠言散播。但皇帝的確會想方設法控制言論，因此在各省都派特務監視。阿米阿努斯描述一位特務在一場西班牙舉行的晚宴上，當時天色漸漸變暗，於是奴隸就拿出蠟燭，傳統的說法是「讓我們征服！」意思是對抗黑暗。但特務解釋為推翻皇帝的政治意圖，對皇室提出報告（*Histories* **16.8.9**）。從結果來看，這很明顯是特務想要討好皇帝，但事實上，皇帝竟接受了特務的說法，最後消滅了一個權貴家族，由此可見皇帝的敏感程度。在羅馬，如果有人不謹言慎行，軍人便可用一種方式來陷害他。有位士兵穿著平民便服，到酒吧裡坐下，並開始辱罵皇帝。愛比克泰德說：「後來，你因為他開始辱罵，彷彿得到善意的保證，也開始說出真心話，但下一刻你就會被戴上手銬帶走」（*Discourses* **4.13.5**）。

有些皇帝是因依賴告密者提供消息，嗅出有叛國罪的氣息而惡名昭彰。圖密善是用家奴私下探聽深宅大院中的祕密。權貴人家到處是奴隸，他們知道所有大小事，就像行動監視器一樣。尤維諾抱怨，主人身邊的奴隸總是愛八卦。「你真的相信有錢人的祕密能夠一直藏著嗎？」（*Satires* **9.102-19**）。他稱此為「以造謠來進行報復」，因為在現實中，主人對謠言莫可奈何。所有皇帝可能都在某種程度上有用特務擔任自己的眼線，通報成功的人會得到優渥的報酬，如果判決有罪，便能得到被告一部分被沒收的財產。當然，這種做法的問題在於會鼓勵誣告，或者像前面奴隸點蠟燭一樣，被過度解釋。告密者不僅受到貪婪的驅使，也因為對通報對象有個人恩怨，加上希望自己在官場上能夠得到晉升而告密。有人甚至對皇帝

抱著深厚的責任感，認為自己在為皇帝盡心盡力。

塔西佗為我們提供了一份令人毛骨悚然的告密者紀錄，描述在比提尼亞省有位高級官員馬塞勒斯如何被自己的下屬稅務官卡皮歐（Caepio Crispinus）指控叛國罪，這件事發生在提比略繼承奧古斯都之後、早期的統治階段。提比略是個不安的皇帝，他首先大量起用告密者。卡皮歐背景窮困，不知道自己的出身，但野心勃勃。他私下給皇帝傳遞消息，報告元老院議員背後的勾當，贏得了皇帝的信任。皇帝賞給他豐厚的回報，於是他憑藉告密變成有錢人。起初權貴們都鄙視他，後來變得害怕他。卡皮歐到元老院提出指控，聲稱馬塞勒斯四處講述皇帝品德不端的事。據稱，他所講述的故事很符合事實，使得指控更加可信。再加上卡皮歐的一個親信火上澆油，說馬塞勒斯把自己的雕像設在比皇帝雕像還要高的位置，還說他砍了奧古斯都雕像的頭，換上提比略的頭。皇帝非常生氣，他大聲說他會定馬塞勒斯的罪。於是元老院議員紛紛不由自主地效法卡皮歐。塔西佗指出，自由意志已死，但仍看得見一絲痕跡。此時比索（Gnaeus Piso）故作單純地問道：「投票定罪，請問皇帝，您會先投，還是最後再投？如果先投，我有所遵循，如果最後投，我不希望發現自己站錯邊。」於是提比略讓步，對叛國罪投下無罪的一票，釋放了馬塞勒斯（*Annals 1.74*）。

由於沒有公設檢察官，法律體系主要依賴個人提出指控，而且由於對誣告也沒有處罰，除非證明是惡意虛告，不然告密可說是一門豐厚的生意。皇帝沒有安全感，便無意阻止

這些指控，因此滋長了惡毒的氣息。皇帝集所有法律判決權力於一身，除非他採取行動去阻止，否則很容易出現亂告密的情況。在提比略統治時期，後來有一位被指控叛國罪的男人，為了挽救家族的財產和地位，還沒審判完畢就自殺了。有人建議，因為被告沒被判有罪，應該要沒收告密者的獎金。眼看這個提議就要被大家接受，皇帝卻介入，他不滿地說，如果告密者——即「憲法的監督者」——被排除在公共生活之外，國家就會陷入動亂。因此，塔西佗總結：一種為摧毀國家而發明的新物種，受到鼓勵（*Annals* **4.30**）。

但是塔西佗會這樣說，是因為他也是元老院的一員，當然會藐視這些來自下流階級、咄咄逼人的野心家。但從皇帝的角度來看，顯然權貴階級確實是有許多陰謀，需要徹底剷除。這也是一種管理策略，領導者讓下屬互相淘汰。能讓下屬互相監視，還怕有什麼陰謀？還有什麼比這更好的辦法？關鍵是取得平衡。過分依賴這種策略，會造成恐怖文化，黑函滿天飛，但太少又可能會死於暗殺。圖拉真首先清楚地告訴我們，該如何看待皇帝對匿名指控的態度。當小普林尼徵求皇帝的意見，有人匿名指控一些人為基督徒，皇帝回答，這些案件不應該被起訴。因為這樣不僅會造就非常危險的先例，而且「十分違反我們這時代的精神」。至於如果有告密者直接去找圖拉真，並提供陰謀的確鑿證據時，圖拉真是否仍是採取同樣態度，那又是另一回事了（Pliny *Letters* **10.97**）。

仁慈的運用

皇帝在監督人民意見的程度上確實是有所限制——他們還得面臨遺臭萬年的威脅。在塔西佗和蘇維托尼烏斯提筆撰述前一個王朝的恐怖例子時，在某種意義上，其實是在讚揚自己的皇帝圖拉真公平正義的統治，但同時亦隱含威脅。如果皇帝表現不像預期的良好，以後必定會在關於他統治時期的歷史中，被記上一筆不良紀錄。或許你不以為然，但只要看看羅馬的偉大帝國建築，看看有多少皇帝在世時關心自我形象，關心王朝存續，希望能在歷史中留名就能理解。羅馬的精英歷史學家所撰寫的前朝皇帝行為舉止，無論是善是惡，都能有效地讓皇帝重視。當然，歷史的論述是弱者的武器，不見得總是有效，但確實顯示被皇帝統治的人並非完全無能為力。

皇帝除了善用不得不然的處境，並強調自己的仁慈，是否還有什麼好辦法去面對那些對其行為的限制？這是指，不要想去強迫那些無法被強迫的人，同時助長形成一種「政府寬容負責」的形象，來實現帝國所宣傳的一些承諾。阿米阿努斯描述四世紀時皇帝朱利安如何驅逐一個性侵犯，後來女孩的父母控訴犯案者沒有被處決，只是被驅逐，皇帝僅回答，「法律或許會批評我的寬大處理，但對一個天性慈悲為懷、超越法律的皇帝來說，這是正確

的」（*Histories* **16.5.12**）。驅逐而非判死刑，這便是一種向社會高階者展現自己慈悲為懷的方式。

這種策略性的仁慈精神，也向下延伸到皇帝的官員身上。二世紀時，埃及總督普羅庫魯斯（Sempronius Proculus）頒布了一條法令，對一次起義動亂後逃離家園的平民（他們或是擔心會被捕，或是因太窮付不起稅金），普羅庫魯斯大赦人民：「我敦促大家回到自己的家，努力贏得繁盛的最大成果。」等到人民真的回來，他又繼續頒布法令：「告知人民，讓他們知道，他們將得到皇帝的恩惠和善意，並且皇帝也下令禁止所有對人民的司法調查」。是的，這是一種仁慈的行為，但真相是因為皇帝沒有其他選擇。政府需要人民繳稅，如果人民選擇放棄尼羅河墾殖區，前進荒野之地，就無法追捕他們。難怪人民願意聽從皇帝的要求，讓皇帝感激不盡。

奧古斯都一如其他皇帝，也樹立起一位皇帝該如何表現寬容的榜樣。他赦免了許多反對者，甚至還提高他們的職位。在《法學匯纂》中有個例子，有兩個平民——諾法都斯（Junius Novatus）和巴達維努斯（Cassius Patavinus）冒犯了皇帝。其中一個散布了一封謾罵皇帝的粗俗信件，而另一個人竟敢在一場盛大的晚宴中大肆吹噓自己殺掉皇帝會有多麼高興。但奧古斯都僅對前者施以輕懲，並驅逐後者（這樣一來等於隔絕了想要殺他的人，皇帝可以保證自己安全無虞）。當時後繼者提比略向奧古斯都控訴那些人的詆毀，皇帝卻

回答說，不應該過於認真看待閒話，而是「只要能阻止任何人傷害我們，即可心滿意足」（Suetonius *Augustus* ***51***），不過提比略並不以為然。後來有其他皇帝把這句話牢記於心，在節慶日、特殊場合或出征成功勝利時，都經常大赦人民（*Digest* ***48.16.8***）。這種寬容對待可讓一些罪犯擺脫困境，但這些面臨懲罰的人，往往只代表整個群體中被逮到、被選中的人，用來作為威嚇人民的示範。皇帝藉由赦免其中一些人，能夠收到同樣的效果。即使罪犯因大赦被釋放，法律的精神仍得以延續，同時皇帝公平正義的仁慈典範，還能風行草偃，傳達給所有人民。毋庸置疑，這樣的寬容始終含有下回你不見得有那麼幸運的隱性威脅。仁慈總是帶有一抹惡意。

人民對皇帝的真正想法是什麼？

到此為止，我們如何平衡看待皇帝的各種觀點？人民視他為仁慈的父親？還是專制的獨裁者？如果只看表面，我們會得到和大多數歷史學家一樣的結論——人民愛戴皇帝。在節慶儀式中、在競賽進行中，歡呼聲代表著人民的支持。根據古羅馬文學家弗倫多在《致凱薩信》中所描繪的，商店裡掛著皇帝的畫像，皇帝的畫像無所不在，在錢幣上，在雕像中（到了第四世紀，羅馬有四千個皇帝的青銅雕像，石頭雕像的數量更不用說），還有各種畫得很

差的圖畫，擺放在「錢幣兌換商的桌前、攤販、商店、屋簷、客廳、窗戶等，到處都是」（Fronto *Letter to Caesar* **4.12**）。從《查士丁尼法典》中可見，甚至必須透過法律條文，才能在表演競賽中抑制人民競相對皇帝形象的過度崇拜（*Theodosian Code* **15.4.1**）。古希臘作家阿里斯蒂德斯甚至在《羅馬頌》中，聲稱人民喜歡繳稅給皇帝（Aelius Aristides *Panegyric on Rome* **65-7**）。

我想，我們可以對這些觀點抱持懷疑態度。因為羅馬帝國大多數人可能都對皇帝沒什麼興趣或很討厭皇帝，大家都忙著過生活。我們也看見有充分的證據顯示，社會階級不分高低，人人都有能力表達對皇帝的批評意見，而且皇帝都知道人們在他們背後說閒話，有些皇帝還會設法阻止人民。在某種程度上，無所不在的皇帝形象，令人想起現代的極權主義政權。我記得，當利比亞的格達費掌權，他的照片也是無所不在，沒有人敢說他壞話。後來一切徹底改變，自從圖密善和康茂德被暗殺後，同樣的事也發生在羅馬皇帝身上。以康茂德為例，元老們在他去世後召開的第一場會議上，下令要抹除康茂德的相關記憶，因此元老院的康茂德雕像被推倒，取而代之的是象徵自由的雕像。羅馬皇帝並不是像現代極權主義政權一樣，控制著他的國家，但皇帝非常急切地想要撲滅絕大多數的公開異議。然而沉默並不代表

同意，當羅馬人看到皇帝未能履行承諾，便會大聲抱怨。

如果認為人民對羅馬皇帝只有單一觀點，當然是錯誤的。所有羅馬人都有自己的斧頭要磨*。有些人如塔西佗，大力撻伐濫用權力的統治者，特別是皇帝與元老院議員們交手時；有些人則以糧食價格來評斷皇帝。有人認為他是保護者，有些則毀謗皇帝的形象，還藉口侮辱高階權貴。另外還有諸如傳道者路加（Luke）在《路加福音》中，帶著混合恐懼和藐視的眼光看待所謂皇帝的公平正義：

「當你被原告帶到裁判官面前，想辦法擺平訴訟，或你可能被拖到法官面前，法官會把你交給軍官，軍官把你扔進監獄。我告訴你，在你繳出最後一分錢之前，永遠都別想離開。」（*Luke* **12: 58**）

對路加還有許多羅馬人民來說，毫無疑問，法律是他們與羅馬殖民關係的一部分。一般觀點經常變動，這是必然的。大部分時間，人民無疑是大力支持政權。有時，他們會在這場對抗中，在可接受範圍內說出自己的控訴，很少會訴諸暴力來表達不滿。當政權

*意指有做某事或參與某事的私人動機（had an axe to grind）。

罕見地垮台，他們更有機會能公開發表自己的想法，但因為不知道接下來上台的會是誰，仍必須謹言慎行。例如，在康茂德去世的三年內，掌權的是塞維魯（Septimius Severus），他積極想與前任安敦尼王朝建立聯繫。他批評元老院攻擊康茂德的虛偽，後來還將康茂德的遺體遷葬到哈德良陵墓（位於現在台伯河的聖天使堡），象徵著康茂德重返榮譽。同樣地，奧古斯都死後，人民「假裝悲傷，以免看起來像是很高興皇帝死了，也不希望新政權開始時顯得太難過，所以糾結著眼淚和歡喜，悲傷和奉承」（Tacitus *Annals 1.7.1*）。可說是不為真小人，願作偽君子。

對威權說實話一向困難，尤其與獨裁者打交道更是如此，無論屬於社會哪個階級，人人都小心翼翼地告訴皇帝想聽的事。精明的皇帝知道，權力會培養逢迎拍馬的人。人民至少要在公共場所看起來是支持皇帝政權的，最低限度也要在語言修辭上對帝國政府恭恭敬敬。人民不得不看著皇帝的臉色行事。使皇帝聖心愉悅，可帶來很大的好處。精英階級可以帶來金錢和政治前途，平民則是食物和娛樂。相對地，皇帝的怒氣會帶來叛國罪的指控與恐怖刑罰。面對面直接抗爭很危險。在公開場所失去面子，總會相對要在公開場所加以報復。所以，在我們閱讀大部分關於皇帝的書面文件和信件時，會發現總是一片祥和如意。

Crimes against the Gods

第 5 章｜違抗眾神的罪惡

提比略在自己生命的最後篇章表現不佳。我們可以看到，他愈來愈濫用叛國罪相關的法律，倚賴告密者的告發來獲利。然而在繼承皇位的早期，他仍延續著前任奧古斯都的輝煌腳步。塔西佗曾回顧，提比略如何拒絕告密者提出的試探性指控。兩位中等階級的騎士，法拉尼斯（Falanius）和盧比尼斯（Rubrius）被指控允許同性戀演員參加宗教儀式，以紀念神聖的奧古斯都，並且因為作偽證，褻瀆大眾對奧古斯都的記憶，還出售房子，連帶一併賣掉裡面奧古斯都的雕像。提比略並不在意這種所謂「對皇家紀念儀式和形象的假設性不尊重」。他寫信給負責調查的執政官，表示由於元老院尚未授予奧古斯都神明地位，因此談不上敗壞羅馬人的記憶，還說自己的母親經常讓那位名叫卡西烏斯的演員，在紀念奧古斯都的

競賽中演出。再者，房子裡所有的神明雕像，都算是資產的一部分。最後，關於偽證，如果盧比尼斯曾向神明發過誓，那麼神明自然會做出懲罰（Tacitus *Annals* 1.73）。要是提比略能夠繼續保持，他可能會有更好的下場。

宗教與罪行在西方世界無法輕易共存。褻瀆神明的法律很少執行，即使遇到，大多也只是雙方爭辯而已。在羅馬帝國，宗教是人民認識所有罪行的核心，也基於宗教進行預防和懲罰。任何冒犯神明的行為，都等於是在冒著傷害「眾神和平」的危險。羅馬人民認為，由於神明的護佑，他們才能建立如此偉大的帝國，因此以相襯的敬拜和奉獻為回報。維繫這種神明的護佑是所有羅馬皇帝最重要的事。但正如在最早創立羅馬時，羅慕路斯的所作所為，顯見羅馬人亦完全有所準備，隨時可利用宗教來推動政治目的。

宗教犯罪的類型

防範宗教領域的任何罪行很重要，因此羅馬人將宗教犯罪的管轄權交付給最高級大祭司（Pontifex Maximus），任務是起訴違反維斯塔貞女（Vestal Virgins）的貞節和違反誓言的罪行，此兩種罪都歸為「褻瀆神明」（*nefas*）。最初，大祭司的職責包括維護跨越台伯河的木橋，原名的拉丁文意義即為：「至尊造橋者」。到了羅馬帝國時代，造橋的職責已經

變成純粹的隱喻，為了確保人類和眾神之間的良好聯繫。在宗教上的所有糾紛，大祭司都擔任法官角色，並制定宗教典禮的正確規範。還要根據宗教規範，調查法官和神父是否有違反宗教職責的情形。根據違反者罪行的嚴重程度，大祭司有權裁決懲罰。至於在宗教事務上，他們自己則不會被起訴或懲罰，也無需向元老院或羅馬人民負責。

大祭司亦負責篩選維斯塔貞女，她們象徵著羅馬的虔誠。白天貞女們可以接見賓客，但晚上則禁止人們進入神廟。貞女必須至少保持未婚三十年，在這段期間除了犧牲奉獻，還要執行宗教法所規定的儀式。結束後，她們可以依照自由意願結婚，但許多人選擇在神廟中度過處女的一生。

儘管羅馬極重視正確的宗教實踐，但有證據顯示各種宗教罪行的存在，其中以偷竊神廟的行為最可惡。前面曾經談過，羅馬沒有銀行，所以富人經常把貴重物品存放在神廟中，相信會得到神明的護佑。神廟自己也擁有敬拜者捐贈的財產。神廟內部有石頭建造的密室，通常是由大祭司保護，顯示保護的高度層級。然而，竊賊卻運用各種方法智取得逞。有個故事是說，有個出身顯赫家族的年輕男子，躲進箱子裡，再設法讓人把箱子送入神廟，晚上神廟關門，他便爬出箱子偷竊，然後再拿著許多戰利品躲回箱子。關於他的方式如何被識破，歷史沒有記載，只知他最後被驅逐到一個島上（*Digest* ***48.13.12***）。

根據法律，竊盜神廟與謀殺齊名，顯見其嚴重程度（*Digest* ***7.1.22.6***）。前述那位很有

創意的年輕男子很幸運，高階的地位使他免於夜晚闖神廟竊盜經常會面臨的命運——獸刑，被丟給野獸食用。白天闖入神廟的竊賊會被驅逐流亡，如果地位不高，會被判處礦場服役。即使在一些最令人震驚的犯罪案件中，有時也有仁慈的赦免。一條法律規定，雖然褻瀆神明的人通常會被判獸刑、火刑或絞刑，不過通常是在闖入者有武裝的情形下才會施以這些極刑。如果偷竊的只是神廟的一些低價品，則會視情況被驅逐到小島或礦場服役（***48.13.7***）。

神廟竊盜是一種高度情緒的罪行，它侵犯了本應是最神聖的地方，不僅會威脅到富人的資產，也威脅了整體羅馬人與神明的關係。因此，看見最惡名昭彰的皇帝從事這種不名譽活動，也不足為奇。根據紀錄，尼祿掠奪許多神廟得到的贈禮，將各種金銀神像熔為金銀塊（Suetonius *Nero* ***32***）。同樣地，《羅馬後期皇帝的生平》記錄惡名昭彰的少年皇帝埃拉伽巴路斯（Elagabal）在羅馬人眼中犯下最嚴重的罪行——強娶一個維斯塔貞女，侵犯了她的聖潔貞操（*Lives of the Later Caesars* Elagabal ***6***）。這些事是否實際發生仍有爭議，畢竟這是一個壞皇帝所可能犯下的最糟罪行。

盜墓也列名於法典中，被視為一種犯罪（*Digest* ***47.12***）。犯罪有三種類型，首先是破壞墳墓。等級最高的墳墓，位於羅馬城外亞壁古道（Via Appia）兩側，以優質石材建造，鋪設大理石面，特別吸引想要竊取建築材料的人。法律文書中也提到雕像常被偷走，動機同樣出自想轉賣出售。法律明文規定，羅馬敵人的墳墓不屬於宗教場所，可以自由拿取石頭。

顯然地，其中一些犯罪可能是出於報復的動機。例如，龐貝城有些墳墓被塗鴉破壞，可能就是敵人對死者的個別報復。這種犯罪有一種更惡劣的形式是，若盜賊奪取墳墓裡的屍體時攜帶武器，會加重罪刑。有趣的是，盜賊認為有武裝的必要。富人的墳墓有奴隸擔任警衛，以保衛墓中的屍體和陪葬的高價物品。

一些魯莽的人會欺騙眾神，他們要求神明的協助，卻不能兌現對神明的承諾。在現代土耳其的弗列基亞和呂底亞有一個墓銘，說的是第歐根尼（Diogenes）「為了牛發誓」，推測是他希望宙斯能夠幫助生病的牛康復。但銘文接下來說，公牛真的恢復健康了，第歐根尼卻想要違背諾言，不兌現當初的承諾。由於欺騙神明，他最後付出了可怕的代價，不過確切說是他的女兒付出了代價，「報應發生在她的眼睛」（*TAM 5.1.509*）。

抵制犯罪的宗教

《阿斯特蘭普斯克斯神諭集》包含了許多與處理法律難題有關的問題。「我能免於被起訴嗎？」「我的請願會被接受嗎？」「我在審訊中能夠打敗敵人嗎？」這些問題都突顯了羅馬法律制度下人民的焦慮，大到需要向神明祈求安慰和建議。還有另一個問題是：「如果我被告發，我會安全嗎？」讓我們能夠了解法律的運作方式。其中有兩個回答是「找朋友幫

忙」「提出上訴」。尋找支持你的證據，永遠不嫌多。訴訟要成功，需要堅持到底，加上社交關係網路，來協助你透過法庭進行訴訟。然而法律訴訟途徑所牽涉的問題太多，這讓許多受害者選擇以其他方式尋求滿足和報復，比如走宗教途徑。其中特別常用來報復的手段就是隨手可得的魔法。《希臘莎草紙魔法》（*Greek Magical Papyri*）書中記錄了一個四世紀時的詛咒，竊案受害者哭著說：「願小偷的眼睛就如我用槌子用力打這隻眼睛一樣會爛掉」（***5.70-95***）。用槌子敲打眼睛的圖畫，想像那就是小偷的眼睛，可以發洩東西被偷所引起的沮喪和無力感。但也反映了一個非常真實的信念——相信魔法有效。老普林尼在《博物志》中聲稱：「沒有人不怕被寫在詛咒鉛板上」（*Natural History* ***28.19***）。人們還會戴上護身符，預防罪行的威脅。老普林尼建議，穿右腳鞋子時，左手臂要用鬣狗皮綁一隻變色龍，這樣可強力保護晚上不會遇到搶劫或其他厄運（***28.115***）。隨身攜帶禿鷹的心，可免於強盜的侵襲擊（***29.77***）。

現存的詛咒鉛板數量上千（總數超過一千五百片），除了主要的鉛板，還有其他詛咒用材料。鉛很便宜，而且正如製作說明所暗示的，總可以從輸水系統的鉛管中「借到鉛」。鉛冰冷沉重，也正好代表了地獄。

儘管詛咒很流行，但卻是非法的，部分是因為有傷害的威脅，人們相信詛咒真的能傷害他人，同時也代表詛咒是某種不被接受的宗教力量。詛咒涵蓋性、愛情、婚姻到犯罪、健

康和戰車競賽等人們全部的問題。許多鉛板被發現埋在墳墓中，有些詛咒甚至寫在墓碑上。以這種方式進行的詛咒，是傳送給地獄之神的一種方式。詛咒的語言通常是暴力的。有個詛咒是針對敵對戰車隊伍的馬匹，促使神明「束縛每隻馬的身體，每一塊肌肉，肩膀、腿……折磨心靈和頭腦」（見J.D. Gager: *62-4*）。詛咒的語言會借用法庭上充滿敵意的專業術語，因此被認為更有效。這無疑顯示，人民認為這種侵略性語言，就是競爭對手之間解決問題的最好方法，很像一場網路對罵的羅馬版本，對類似日常生活中撞到別人肩膀等通常很小的問題，產生很大的過度反應。這種誇張的精神也延伸到愛情咒語，施放咒語的人，想像目標人物受到無可抵抗的激情折磨。五世紀時，埃及有一個詛咒，詛咒者促使他的戀愛目標晚上不能睡覺：「別讓她飲食、睡覺、說笑，讓她匆匆離開家門，拋下父母和兄弟姐妹，來找我席恩，愛我，需索我，帶來神聖和狂野不絕的愛」（Gager: *102-106*）。

詛咒不僅用於代替法律途徑，也用作審判過程的輔助策略。在高盧西南部，發現了一枚一七二年馬可．奧里略統治期間的錢幣，同時還發現一隻小狗和一塊詛咒鉛板。鉛板上面的文字譴責了兩個人，蘭提那斯和泰斯吉勒斯（Lentinus and Tasgillus），希望他們快點死掉，早點去見地獄之神——冥王和冥后。後來得知，詛咒者與這兩個人陷入一場訴訟戰。「就像這隻小狗不會害人一樣，他們也害不了人，祈求他們無法贏得這場訴訟。」小狗可能不是因詛咒而被殺死，但從咒文來說，小狗的死亡是屬於詛咒的一部分，所以我們假設：

「就像這隻小狗躺著不能站起來一樣，他們也不能站起來；他們也被刺穿，就像這樣」，指的是像詛咒鉛板一樣被釘在桌子上（Gager: ***143-4***）。

英格蘭西部的巴斯市（Bath），早在羅馬時代便因浴場而聞名，這裡出現了一種特別有趣的詛咒鉛板。人們相信水深處可通往地獄，因此把鉛板扔進水裡，至今已發現約一百三十片。鉛板高度制式化，想必不少是從專業符咒家那裡買來的。咒文通常詳盡描述了罪行。很多都是希望能找回被盜財物，浴場長年有這種問題，如前所述。遺失物包括珠寶、錢、家中物品，最重要的是衣服。一塊鉛板說：「偷我青銅器的人，詛咒你不得好死，我把你交給蘇利斯神廟，無論是男是女，大人還是小孩，小偷的血都會流到青銅器中」（Gager: ***194-5***）。咒文清楚地反映，大多受害者在現實情況中對困境無能為力。有權有勢的人，沒興趣理會一個不見的罐子，但我們可以明顯感受到咒文中不公不義的憤慨。受害者想要找回罐子，不過由於意識到不可能，所以只能要求報仇。他想要的不僅是找回罐子或什麼補償，而是血。為了達成目的，常見的策略是將失物所有權轉移給神明。偷了別人的罐子，小偷不在乎；偷了神明的罐子，麻煩可大了。詛咒在受害者與神明之間，建立起一種法律協議，神明能得到祭拜，受害者能找回失物，犯罪者能受到懲罰。懲罰的程度與罪行完全不相襯，只在顯示受害者所感受到的強烈情緒，想要犯罪者得到懲罰的想法大於失物能否找回來，亦清楚顯示，無論法律怎麼規定，一般人普遍認為這些小賊犯的是重罪。正如一個在威爾斯可瑞

昂圓形競技場所發現的詛咒：「復仇女神，我將斗篷和鞋子獻給妳，我不要小偷還回來，我要他流血死掉」（Gager: ***197-8***）。

英國的詛咒與羅馬帝國的詛咒非常類似，似乎存在某種「lingua magica」，意思是地獄的共通語言，裡面的句子都很古怪，就像現在說的「abracadabra」一樣，魔法咒語混合日常事物和感覺，結構很奇怪，顛覆了平凡世界的經驗，也像現代網路霸凌一樣，有很激進的語言暴力。一塊來自二世紀西西里島的詛咒鉛板，一面寫著「我要詛咒阿欣諾，這個罪犯、有病的爛婊子」；反面寫著「婊子、糞蟲、罪犯、沒用的阿欣諾」（Gager: ***214-5***）。真有魔力。跟現代網路霸凌攻擊女性的語言很像，好像是在激烈謾罵一個女人「以為自己高高在上」。另一個咒語來自北非，顯示對生活深刻的無力感，受到邪惡勢力的控制和指揮：「墳墓裡躺著的是傅茶莎，一位『謙虛忠實的妻子』，十五歲結婚，二十八歲去世，但她沒有得到應有的死亡，而是被下咒而死，如今她只能沉默，生命被暴力所撕裂，而不是回歸自然」。傅茶莎的丈夫艾力厄斯是第三軍團的軍事護民官，他寫下了這個碑文，「天上地下的神明，將懲罰這場邪惡的犯罪」（Gager: ***246***）。

像這樣的詛咒，讓我們知道人民的想法，認為神明不贊同犯罪行為，因此需要懲罰，也顯示很多人都相信，魔法有助於處理犯罪。犯罪從來不只是私事，交託神明，在某種程度上，整件事就會變成公事。

詛咒在想像中有許多肢體攻擊。西元前一世紀羅馬有一塊鉛板，上面承諾會獻祭給地獄三頭犬賽伯洛斯（Cerberus），只要牠去攻擊詛咒的目標普洛提烏斯（Plotius）。詛咒一開始要目標發高燒受折磨，然後依序列出希望三頭犬攻擊的身體部位：頭、前額、眉毛、眼皮。詛咒者是普西芬妮・莎菲亞（Proserpina Salvia）。「要賽伯洛斯攻擊『神聖器官』，讓他不能小便，再攻擊臀部、肛門和大腿，一直到腳跟、腳趾和腳趾甲」。這種殘暴攻擊的超自然動機，是對普洛提烏斯先前詛咒的反攻：「他前面寫下的咒語，用來對付我，所以我要把他交給您……讓他死得悲慘」。這裡沒有神聖的正義，只是個人利用神明的力量來報復仇恨（Gager: ***240-42***）。

魔法本身象徵著羅馬地方社會的關係，經常盤據者苦難和仇恨。一枚來自迦太基附近的詛咒鉛片，給羅馬社會增添了競爭、嘲弄和嫉妒的味道。受害者馬斯利克損失了一些錢（可能是因為偷竊，也可能是生意風險），但另一個名叫因緬沙特的男人卻嘲笑他。「我，馬斯利克，要使因緬沙特熔化，失去住所和所有財產，因他對我的金錢損失歡欣鼓舞。我要詛咒所有因為我金錢損失而歡欣鼓舞的人，就像這塊鉛一樣熔化」。可憐的馬斯利克，不僅沒了錢，還被人們公然嘲笑。羅馬沒有善良的鄰人，人人都為了自己，自私自利。

在這種情況下，魔法的作用只在幫助人們防範傷害，設立一道消極的屏障，避免他人侵害自己。在現代土耳其的朋土斯（Pontus），流傳著一個萬用防禦咒語：「驅走對盧非娜

的詛咒，如果有人敢對我不公義，詛咒會回到他身上，不致毒害我」（Gager: ***255-6***）。詛咒帶我們進入心理學領域，盧非娜看來像個偏執狂，似乎有人對她下咒，她也不嫌煩，禮尚往來，以一個預防性的反詛咒回擊。當然，我們不知道所有前因後果，她可能有充分的理由感到害怕。即使這樣也很有趣，她認為攻擊她的人會使用超自然手段，這似乎讓她產生了高度的焦慮。比起擔心身體受到毒藥侵蝕，她最害怕的還是法術的超自然力量。

羅馬是一個農業人口約占85%的世界，財富最早主要是從每年的農作物收穫產生，產量長期並無增長。這代表人們一般視生活為一場零和賽局，除非有人過得不好，才會有人過得好。同理，如果有人過得好，按照定義來說，這代表別人過得沒那麼好。因此一旦有人贏得某些事，其他人就會自動懷疑是用非法的行為作弊，例如魔法，作用有如偷竊，透過不公義的方式得到一部分經濟利益。在老普林尼《博物志》中，北非一個小社區有很好的例子。一個剛獲自由的奴隸，名叫奎西姆斯（Chresimus意思是「有用」），他自己的小農場收穫愈來愈好，甚至比附近大農場還要多。結果可以想見，大家變得很討厭他，指責他用法術偷別人的農作物。於是他被送進法院。審判期間，他把所有農作設備還有奴隸都帶上法庭，農具保養得當，刀刃銳利，奴隸看起來也都很健康，受到良好照顧。「這就是我的法術，還有看不見的因素，是我從天亮一直到黑夜的辛勤汗水」。法官一致決議無罪釋放他（*Natural History* ***18.8.41-3***）。

龐貝有些牆壁塗鴉，顯示人們能夠看見詛咒有趣的一面。有人詛咒在他門口拉屎的人：「小心詛咒，如果你看不起這個詛咒，願你有憤怒的天神朱彼特成為你的敵人」。態度明顯很認真，但也可說是個笑話。另一個塗鴉甚至用暴力威脅神明：「戀愛中的人都來看。我要用棍子打斷維納斯的胸骨，讓她腰部殘廢。既然她可以打破我柔軟的心，為何我不能用棍子打破她的頭？」（*CIL* ***4.7716 & 1824***）這顯然也是個笑話，但這個詛咒使用挑釁的語言達成效果。無須擔心女神會懲罰這個狂妄的傢伙，在那些受到折磨的人之間，這是受到愛情折磨者的共通笑話。人們也有辨認騙子的能力。《笑話集》裡面有個笑話，一個占星師推算一個生病男孩的星座，向母親保證男孩會活很久，然後要求付費。母親說明天再付。占星師回答：「萬一他晚上死了怎麼辦？」可見，人們可能在日常生活中過於小心翼翼，不願盲目接受江湖術士的任何說法。

但是我們也別因此誤判，以為人們並不相信咒語中的超自然神奇力量。現今出土的許多二、三世紀呂底亞和弗列基亞（今日的土耳其）銘文，顯示人們深信神明的力量。文字中呈現人們因為經常遭受詛咒鉛板列舉的疾病或痛苦，相信自己是魔法攻擊的目標，所以便製作鉛板，宣告自己的無辜。一塊鉛板上面說，有個女子名叫安蒂岡妮（Antigone），她要告知狄蜜特（Demeter），她沒有詛咒某位醫師，也從沒想過要對他做壞事。接下來的反駁變得具體。「我也沒叫女人到神廟，給她錢，以除掉他」（Gager: ***189***）。換句話說，安蒂岡

妮被指控買兇殺夫，大概是下毒。她說，如果她撒謊，會發高燒，無情的女神狄蜜特也會折磨她。不難想像，丈夫突然生病，會出現謠言和懷疑。除了隨便誣陷別人用巫術，也可能只是反映了原告與被告間現存的緊張局勢。因為沾上惡名，所以被懷疑的人不得不費盡力氣設法平息公開流傳的謠言，捍衛自己的清白。

接下來是一個無法確定年代的銘文，強調錯誤的指控本身會帶來風險。古魯康的兒子荷莫堅尼斯（Hermogenes），與弗洛堅諾斯的兒子尼同尼斯（Nitonis），承認曾毀謗阿提米多洛斯（Artemidoros），說他偷了葡萄酒，阿提米多洛斯便做了詛咒鉛板回應，堅稱自己的清白，還要求神明懲罰散播謠言的人。神明如期回應，荷莫堅尼斯受到折磨，但不清楚是為什麼。後來荷莫堅尼斯反過來也做了自己的銘文，以安撫神廟的神明，還公開承諾從此他會讚揚所有神明（Gager: ***176***）。

另一個銘文是關於一個叫泰提雅（Tatia）的女人，她被人懷疑對自己的女婿魯孔多斯（Loukoundos）下咒，使他發瘋，但是她堅持自己的清白。後來她遭受各種不幸，歸咎是別人對她下咒，為了保護自己，她到神廟獻祭權杖，並設置了幾個反詛咒加以對抗（Gager: ***246-8***）。但正如銘文所寫，神明懲罰了她，以她兒子蘇格拉底受傷的形式來呈現——蘇格拉底不慎將割葡萄的鐮刀砸到自己的腳。因此泰提雅的後代（據推測她已死）移除了神廟中的權杖和詛咒，改為「經常撫慰眾神，讚揚眾神，在銘文中證實了眾神的力量」。顯然對

家族不當行為的指控，會持續存在數代，因此年輕家族成員覺得有必要為祖先的罪孽去安撫眾神。

有些銘文公開認罪。一個男人承認偷了一件斗篷，結果神明不悅。過了一陣子，他把斗篷交給神明，公開承認他的罪。神明命令他賣掉斗篷，用這筆錢做一塊碑銘，用來宣揚神明的力量（Gager: *176*）。有趣的是，我們可以看見小偷如何完全相信神明的力量，因他犯罪而追捕他、懲罰他，卻沒看見對受害者有什麼補償，沒將斗篷物歸原主，只是警告眾人會有風險，小心神明的報應。我們可想見，宗教用於犯罪的威嚇或解決力量很微弱，但確實有所幫助。畏懼神明的反應，會塑造人們的行為，在例子中可見，不僅可防止人們犯罪，也指示要儘快歸還贓物。古代經常發生疾病和不幸，這些都會對犯罪者造成影響，讓人們能夠走上正當的道路。

不被接受的宗教

這些告解的文本有個明顯特徵——都發生在當地的神廟。我們或許會將詛咒等宗教活動視為魔法，懺文卻與主流宗教並肩。然而，並非所有宗教形式都被容忍，宗教犯罪可能會受到最嚴重的殘酷懲罰。

如果維斯塔貞女失貞，會被迫穿壽衣，活著舉行葬禮儀式，在家族朋友簇擁下，被裝進棺材裡，送到柯林門（Colline Gate），埋葬在地下墓室中等死。羅馬人大體上都相當能夠容忍各省各地不同的宗教習俗，唯有高盧的德魯伊教被禁，部分是因為他們會用活人獻祭。德魯伊主義也代表當地的宗教傳統，允許隸屬於羅馬的人民能以羅馬人難以理解或解釋的方式去表達自己。《後期羅馬皇帝的生平》書中有一例，德魯伊女人用當地方言預測羅馬人即將到來的厄運（*Lives of the Later Caesars* Alexander Severus ***60.6***）。羅馬人不贊成割禮，視其為猶太人習俗。反對的程度反映在實行割禮的羅馬人身上，無論是家族或奴隸，財產都要充公，終身流亡。執行割禮的醫師必須面臨處決，雖然不禁止猶太人繼續進行割禮，但禁止他們對非猶太人奴隸進行（*Digest* ***48.8.11***）。

「代罪羔羊」早已成為傳統羅馬習俗的一部分。每年三月十四日，高盧皇帝馬庫斯紀念日「舊火星日」（Maurius Veturius day）當天，會由一個穿著獸皮的男人帶領大眾在羅馬街頭遊行，最後眾人用白棍毆打他，把他趕出城。「舊火星」代表過去的一年，而這個習俗展現了羅馬人在傳統上部分的心理補償作用，將問題轉移到個人身上，然後驅逐出城。許多人都做同樣的事，羅馬人並沒有比較糟糕（今日許多反對移民的論點，都集中在他們所製造的問題上，而非創造經濟文化利益方面）。而這也只是偶而發生。大多時候，羅馬人普遍容忍其他信仰系統，在向外擴張領域的同時，羅馬社會也接納許多新的宗教習俗。唯有當人們

認為一些習俗會損害「眾神的和平」，才有必要進行公開回應。

在這樣的世界觀中，所有發生的不幸，都可以被解釋為做錯事的證據。犯罪不是獨立行為，而是攻擊整體族群的行為，具有潛在散播傷害的效應。例如不忠的維斯塔貞女被揭發，經常是因為神廟裡的聖火突然莫名熄滅，人們畏懼這樣的預兆，認為它代表災難即將來臨。聖火熄滅即代表女神的侍女有不忠的情形，會為國家帶來危害。解決方式很簡單——找出哪個維斯塔貞女有罪，徹底根除冒犯神明的原因，便可解除對社會的威脅。因此要活埋維斯塔貞女、舉行各種拜拜祈求儀式，以安撫神明，重建「眾神的和平」。

羅馬政治向來會涉及宗教的核心元素，並可用來達成政治目標。我們從塔西佗《編年史》中可看到宗教如何被不當使用。日耳曼尼庫斯（Germanicus）是提比略的養子，因為罹患惡性急症死於西元一九年（Tacitus *Annals 2.69*），他認為這是他的政治對頭畢索（Piso）下的毒。後人搜索日耳曼尼庫斯休息的地方，發現了骸骨、符文，還有刻著他名字的詛咒鉛板。在這裡，宗教被濫用，只為個人利益而不顧帝國整體的健全。如果皇帝認為這種手段是用來對付他的，他會大力掃蕩。如果有人向宗教靈媒詢問皇帝的壽命或國家安全，可處以死刑（Paul *Opinions 5.21.3*）。同一條法律也規定，如果奴隸找占卜術士詢問主人的壽命，會被釘在十字架上處死。

皇帝對這種預言的力量以及挑起麻煩的能力著實感到焦慮。厄運的預測非常普遍，皇

帝經常對占星師下禁制令，包括奧古斯都、提比略、尼祿、維特利烏斯、維斯巴辛和圖密善。在狄奧《羅馬史》中，提比略震驚於一個流傳的預言——帝國即將終結。於是他摧毀了許多不同的西比拉神諭（Dio *Roman History* ***57.18***）。狄奧也說，奧古斯都自己宣稱不在意這些事，甚至公開他出生時的星座，任何占星師都可以讀取他的未來。但正如蘇維托尼烏斯所指出的，奧古斯都仍禁止占星。在低階政治階級中，西元一世紀時，義大利中部設立了一座雕像，底座的銘文便是感謝朱彼特奇蹟般地拯救了市議員——此前他們的名字被一個不知名的公共奴隸刻在墳墓上詛咒。我們只能猜測奴隸的動機，而這做法則引起了強烈的公眾反彈，人們反對為政治目的而利用超自然現象。

魔法經常被特別指謫為非法。「沉迷於魔法技巧」的人，將被處以獸刑，或釘在十字架上處死。魔法師會被活活燒死，人們不得持有魔法技巧書籍，如果被發現，將公開燒毀魔法書。皇帝敕令，不容許施行魔法和獲取相關知識（Paul *Opinions* ***5.23.17-18***）。然而，在本章中我們已經理解，羅馬世界早已廣泛運用魔法，而且通常會與主要宗教的崇拜儀式一起出現。在這樣的背景下，很難正確定義魔法。魔法不再只是關乎個人的目標，也不再是異教徒的習俗，甚至可能出現在神廟等場合。或許羅馬人所稱的魔法，只是一種說法，特指不被接受的宗教習俗。在這個意義上，魔法似乎只是個人認為未經授權、不被接受的宗教觀點，這種觀點通常只在傳統宗教道德受到威脅時才會出現。

迫害基督徒

如果人界的事出現了正面結果，將之歸功於神明的授意似乎完全合理。同樣地，如果羅馬出現了傷害神明的社會或政治行動，任何不幸都將被視為神明懲罰人類而降下的災禍。當人們認為某些宗教團體會令神明不安，基於這種態度，自然會產生迫害行為。我們從歷史中可得知，基督徒就是最突出的例子，當然前面還有個別範例，像是魔法師、占星師、酒神戴奧尼修斯的崇拜者、摩尼教（Manichees）等，都與後來的基督教異端一樣，在某些時期遭受羅馬帝國的摧殘。即便如此，戲劇性的激烈迫害並不是常態。羅馬異教信仰包含廣泛的習俗，不像後來的基督教那樣有集中的正統思想，因此沒有內在動力去消滅宗教差異或創新。通常只有當族群感受到過度威脅，例如遭受某些天災，才會發生迫害。由於國家缺乏有系統的迫害形式，因此遭受迫害的人數一般較少，而且是採取簡單的代罪羔羊形式，旨在象徵性地重申傳統道德，而非想要完全拔除不同的宗教。

大多數時候，羅馬官員很樂意讓當地領導人自行監管人民和宗教，猶太人由於古老的的信仰傳承，特別得到各種豁免。在《使徒行傳》中，加里歐在擔任希臘阿凱亞省的總督時，使徒在東邊鬧事，加里歐不願介入，只對他們說：「你們這些猶太人！如果是為冤枉

或奸惡的事，我理當耐性聽你們言說。但若爭論的是關乎言語、名目和你們的律法，你們自己去辦吧！這樣的事我不願意審問」（*Acts* **18: 14-15**）。但當政治干預，另類宗教可能會被視為具有顛覆性。羅馬人認為猶太人經常找麻煩，因為他們與希臘人一起在許多城市中比鄰而居，互相發生爭執。當爭執導致動亂，威脅到良好的秩序，羅馬人會完全放棄傳統的宗教容忍政策。例如塔西佗記述，西元六四年發生了羅馬大火，這場重大災難的肇事者竟然是皇帝，更糟糕的是，他還被指控是為了自己的利益。為了推卸責任，此時還有什麼方式，比找到一個「奇怪的新教派」作為代罪羔羊更好？而這個代罪羔羊就是基督徒（Tacitus *Annals* ***15.44***）。

基督徒的問題在於，他們被視為信奉犯罪的團體。基督教誕生於動亂的猶地亞省（Judaea），吸引了許多社會低階層的人，因為它樂觀傳遞了一個正義新秩序即將到來的訊息，在許多人價值遭受剝奪的現行階層架構中，重新認可所有人類的價值。根據《使徒行傳》所載，基督教提供另一種社會秩序的願景，基督徒聲稱，世上沒有貧窮的人，「因為擁有眾多土地或房屋的人會賣掉它們」，然後根據需要，將收益分配給每個人（Acts **4: 32-4**）。它提供了一個顛倒世界的未來觀，那裡有平等而非階級，慈善取代貪婪，貞節取代性愛。至少在早期，這場激進運動主要是針對社會受壓迫者的。

基督教藉由教會中兄弟姊妹之間的互助共生，抵制了羅馬帝國的核心制度——社會階

級、家族、關係的重要性。許多基督徒也堅定地拒絕為皇帝進行祭祀，但不見得有公開抵抗的行為。為皇帝進行祭祀與基督徒的宗教信仰互相矛盾，羅馬人的強迫使他們變成異議分子。對羅馬人來說，基督徒拒絕尊敬皇帝形成了一個觀點——基督徒是個徹底拒絕社會的團體。有時這種看法是羅馬人就基督教訊息字面意義解釋的結果，正如《護教書》中猶斯丁控訴：「聽說我們在期待一個王國，你必要得出結論，這是一個人類意義的王國」（*Apology* ***1.11.1***）。但也有很多基督徒竭盡全力對抗羅馬規範和權威，成為殉道者。值得注意的是，這些行為通常出現在羅馬圓形競技場，那是清楚展現帝國社會價值觀的地方。

這種殉道者的人數相對較少，但他們的死亡卻使得一個團體形成，聯合起來反抗羅馬帝國，然而羅馬當局基本上無動於衷。大多數時候，羅馬人拒絕給予殉道者所想要的。琉善《佩雷格林傳》（Lucian *Peregrinus*）小說中，有個基督徒被帶去見總督，但「發覺他行為瘋狂，認為死亡會為他帶來名聲，因此放他走，因為他不值得懲罰」（***11-14***）。如果他們真的決定帶那名基督徒去競技場處決，對執行過程的描述必定過度誇張，反而激勵下一代基督徒。比如西元一五五年坡旅甲（Polycarp）的殉道，就有一些想像的描述，想像羅馬人如何把聖人放在木頭和樹枝上燒掉。火焰燃燒，「形狀像風中的船帆」，圍繞著聖人的身體，像一道牆，不曾燒到聖人，反而「像烘烤麵包一樣」，散發出令人愉悅的香味，「像焚香或其他昂貴香水的香味」（*The Martyrdom of Polycarp* ***15***）。

當然，對基督徒來說，羅馬人才是罪犯。改宗者雅典人雅典那哥拉（Athenagoras the Athenian）於西元二世紀下半葉寫了一份請願書，交給馬可．奧里略皇帝，抱怨基督徒被單獨挑出來迫害，這是違背習俗和法律的。他說，在羅馬帝國，不同民族有不同習俗和法律，即使再荒謬，都沒有人會受到阻攔，人民可自由祭祀，慶祝所有喜歡的神祕事物。這有利於帝國的和平與安寧，這是必要的，因為每個人都可以敬拜自己想要敬拜的神明，藉由對神明的畏懼，人民可避免犯錯。如果有人沒有信仰、不相信任何神，這種人才要小心，因為無神論者完全缺乏道德標準，是邪惡的。雅典那哥拉奉承皇帝，表示自己多麼欽佩皇帝的寬大溫和，以及仁慈的性情和智慧，因此帝國到處安祥和平。所以，皇帝為何要迫害基督徒？皇帝應該不用擔心基督徒。基督徒有虔誠信仰，不做錯事，也不會對國家構成威脅，但皇帝卻任由他們受到侵擾、掠奪和迫害，完全不公義，違背所有法律且無緣由，在假控訴的煽動下，基督徒被屠殺。他聲稱受害者已經學到慘痛的教訓，然而求助法律來補償平反並無作用，而是寧可轉過左臉*，去接受任何針對他們的不公不義。

雅典那哥拉苦心強調他對皇帝的忠誠，表示基督徒與羅馬人之間的區別，純粹屬於宗教事務，只要皇帝願意，很容易釐清。其他基督徒則對羅馬帝國非常悲觀，用尖酸刻薄

---

*本是出自《聖經》，耶穌說：「有人打你的右臉，把左臉也轉給他」。後指遭遇傷害時不報復、不以暴易暴之意。

的文字攻擊。三世紀基督徒作家柯模典（Commodian）認為尼祿是反基督者。尼祿回到羅馬城時，在基督復臨前，羅馬法官公告整個帝國，強迫基督徒放棄信仰，要崇拜偶像，如果拒絕，就公開處決，使血流遍地，令人們陷入恐懼。尼祿持續迫害三年半，接著他個人的罪行將得到致命的報復。羅馬的皇帝和人民將交由上帝伸張正義，羅馬的統治將會終結（*Instructions* ***40***）。

其他天啟文學也在等待羅馬的終結，正義將得到伸張，向羅馬人尋求報復。前面提過的《西比拉神諭》預言：「無情的憤怒將會降臨住在拉丁姆（Latium）人們身上」。在未來，「法律和正義將來自星空」，終結無法律制裁的狀況，人們不再貧窮，所有犯罪活動亦將停止，包括謀殺、暴力、夜盜、各種罪惡。羅馬必須償還所有從亞洲盜取的財富，羅馬人將變成奴隸，不再是主人（*Sibylline Oracles* ***3.45-62, 350-55, 356-80; 5.155-78, 386-433***）。燃燒的憤慨和對復仇的渴望，將羅馬政權視為身體骯髒腐敗的妓女，如《聖經．啟示錄》中所指的巴比倫妓女，就是羅馬（Revelation ***2: 13; 6: 9-10; 12-18; 19: 2***）。

不過，並非所有基督徒都如此激進。在殉道者文獻紀錄和天啟文學中，激烈反抗羅馬法律的描述確實相對較少。大多數基督徒都像雅典那哥拉一樣，嘗試去適應他們的羅馬主人，如聖保羅所說，奴隸應該全心全意服務主人。在第二世紀末，基督徒特土良（Tertullian）進一步熱切地寫出在羅馬統治下的生活品質。他說，世界的狀況明顯變得更

好，人口更多，商業蓬勃發展，「到處都是房屋、居民，政治穩定，生活文明」。他呼籲基督徒「為皇帝、大臣和權貴祈禱，為社會的維護與和平祈禱」（*Apology 39*）。在每日基督教讀經中，大多人都與特士良一樣，對羅馬宗教習俗抱持著輕鬆的態度，比殉道者行為的描述，更讓我們信服。

但競技場中殉道者的高調行為，確實給羅馬人留下深刻的印象。這意指羅馬人很快將整個基督教與激進連結，就像伊斯蘭激進派一樣影響了西方對整體穆斯林的觀點。帝國競技場中，群眾對這種公開抵抗羅馬價值的行為感到震驚，然而羅馬人民的保守程度也令人驚訝。在殉道者紀錄中，我們看見一般羅馬人要求基督徒受最嚴厲的懲罰。坡旅甲殉道時，人們輕蔑鄙視他。當傳令官宣布他已認罪，承認自己是基督徒，所有人都憤怒地大聲喊叫起來。由於他設法推翻羅馬人的神，還教導人們不要拜神，若不嚴厲懲罰，必會冒犯眾神。觀眾大喊，要總督把坡旅甲丟去餵獅子，但總督回答，這是非法的，野獸表演時間已過，所以人們轉而要求用火刑燒死他。總督批准後，人們竟然跑出去收集柴火，堆成火刑的柴堆，接著他們圍著坡旅甲，要把他釘在柱子上。

即使面對嚴厲的法律懲罰，仍有一些頑固的基督徒拒絕收回自己的意見，激怒了不少羅馬人。在《駁塞爾蘇斯》（*Against Celsus*）書中，俄利根（Origen）敘述，遇到刑求的犯人堅決不投降時，羅馬法官會暴怒（*8.44*）。這拒絕象徵著他們堅決反抗羅馬人的生活方

式。羅馬人的反應是，用盡一切方式去懲罰這種激烈的頂撞行為，甚至不埋葬死去基督徒的屍體，因為羅馬人認為這樣做可以消除肉身復活的機會。整座競技場中，到處都是對基督徒進行的懲罰，放野獸去撕裂他們的身體、活活燒死、任由屍體腐爛，刻意要抹除這些社會不法分子的所有痕跡。

關於這一場宗教爭鬥，雙方互指對方犯罪。基督徒和異教徒都認為對方所犯的罪就是他們應有的模樣，雙方也都利用這些罪行去申訴對方的成見。羅馬人定期對基督徒進行迫害，以這些宗教極端分子為警惕，並重申傳統的宗教價值觀。相反地，殉道者的故事，卻成為基督傳教士彈藥庫中的強力武器。如今改宗者人人都知道，羅馬國及其法律機構永不可能值得完全信賴。基督徒和異教徒的關係變得愈來愈冷淡。

我們是否有資格批評羅馬對基督徒的反對行動？西方世界的大多數人都出身基督教傳統，無論是否參與信仰活動，都已接納了一些《聖經》中對羅馬人的觀點，認為他們是殘忍的基督劊子手。後世的西方世界對羅馬的所有成就抱持著極大尊重，但這種宗教迫害行為，卻造成羅馬歷史中不可磨滅的印記。正如《暴君焚城錄》（*Quo Vadis*）這樣的史詩電影所傳達的概念——羅馬力量強大，但缺乏高度道德目的。基督徒為古代世界帶來了意義。但現代對殉道的觀點也有所改變，殉道者和恐怖分子之間的界限，取決於觀察者的政治立場，自九一一襲擊以來，也許我們對聲稱追求靈性目標而使用暴力的人，都已變得非常警惕。

Sex, Drink and Gluttony: Crimes against Morality

第 6 章｜性、飲酒和暴食：違反道德的罪行

西元二一八年，皇帝卡拉卡拉被謀殺之後，皇室家族裡有一位祖母朱莉亞．瑪莎（Julia Maesa）成功策劃了宮廷政變，讓十四歲的孫兒埃拉伽巴路斯登上王位。這個青少年突然間獲得權位，感覺自己從羅馬保守的社會約束中得到解放。傳聞他喜歡女裝打扮，想要閹割自己。他有一串男性愛人，為他們慷慨解囊，甚至還根據陰莖大小分配職務高低。羅馬帝國尚未準備好迎接這種性自由精神，所以二二二年，這位祖母再度策劃暗殺了埃拉伽巴路斯。

在羅馬傳記作家的眼中，埃拉伽巴路斯只是帝國一系列性侵犯皇帝中最新的一個。前有卡利古拉，據聞與姐妹亂倫。再前面是提比略，似乎有一間公寓特別用來進行一些極端性行為。在這些羅馬作家聳動的描述下，很容

易讓人產生強烈的印象，認為在羅馬世界裡，這種在性方面的新奇作怪是平常之事。這種印象被後來的基督教作家加油添醋，他們再三強調純潔的道德優勢，在異教徒前人們的淫蕩之間，畫下一道壁壘分明的界線。羅馬的這種形象已經長期存於現代流行文化中，如電影《神鬼戰士》描繪皇帝康茂德與妹妹亂倫。然而這些故事的流傳，不是因為羅馬人認為我們喜歡閱讀這類故事，而是因為他們也確實如此。如前所述，關於羅馬的建立，有一個版本是說，牧羊人浮士德勒的妻子其實是妓女。羅馬人似乎對挖掘人們的祕密具有異常濃厚的興趣。這並不是因為他們如常見描繪的那般道德低劣，而是因為羅馬人其實對各種性行為具有強烈的態度，本章即要探討其中某些態度。例如性剝削的嚴重程度肯定如現代一般存在，還有普遍的買春、性侵、性虐待，但對構成性犯罪的觀點則與現代有顯著的差異。

比較清楚的是，羅馬人的態度唯有在更廣泛的道德框架內才能被理解，而道德觀念決定了他們對各種被視為反社會行為的態度。從羅馬法律可得知，無論是在酒吧喝溫酒或吃熟肉，凡是個人快樂源於羅馬人無法接受的事物，便會被藐視。但法律是由上流階級制定的，有些似乎根本沒意義，有些則無視於最惡劣的濫權。綜合觀之，我們可看見法律如何表現出領導地位精英們的道德觀，但不見得能夠反映一般羅馬人對這些事物的看法。

性犯罪

羅馬法律將性侵視為公眾罪，即犯罪人所犯案件可能面臨公開懲處。性侵不僅是性侵女性，還包括性侵男性或兒童。女性受害者不會受責，法律具體指明，性侵受害者的丈夫不能以通姦罪起訴妻子，這象徵著妻子的弱勢地位。在法典中，性侵被列為最不可接受的暴力濫用行為之一，包括職權暴力、煽動叛亂、公共動亂、武裝搶劫、身體和性侵犯。這部分反映了羅馬人認為性侵尤其對個人人格的完整性是特別惡毒的侵犯，這個觀點正如今日。但也傳達這是一個由家族男性所主導的世界，由於被保護的家人受到侵害，造成主人的名譽受損。更是金錢問題。女兒在婚嫁時必須準備嫁妝，而被性侵的女兒，需要準備更豐厚的嫁妝來提升求婚者的動機。性侵與其他暴力攻擊並列於建立羅馬法治的核心，是因為會破壞整體公民社會所仰賴的婚姻基礎。

至於規定婦女言行舉止的人，必定是家族資深男性成員。早期羅馬歷史神話有助於強化女性純潔的形象。馬克西穆斯所著《令人難忘的事蹟和諺語》一書說，羅馬人推崇盧克麗霞（Lucretia），認為她是光榮的女性行為指標，因為一位羅馬國王的兒子性侵了她，她將這件事告知家族男性，隨後便拿劍自刎而死（Valerius Maximus *Memorable Deeds and*

Sayings **6.1**）。

許多女性甚至處於一個無從控訴性侵的位置。例如，奴隸可用來滿足性行為，社會接受也合法，這種虐待司空見慣。哲學家皇帝馬可·奧里略因為自己抗拒了兩個美麗奴隸的誘惑而感到驕傲，這表示大多數主人都不會克制。奴隸意外懷孕，普遍到足以讓人開玩笑。一本古羅馬笑話書中寫道，一個兒子的女奴懷孕，父親告訴自作聰明的兒子，等女奴生產時就把孩子殺了，兒子回答：「你先殺了你自己的孩子，然後要我也去殺我的？」（*Laughter-Lover* **57**）我們沒辦法真正知道奴隸對這些性侵行為的看法，還是有人會很高興得到主人的注意，會收到禮物或有較好的待遇？在古羅馬小說《愛情神話》中，可嗅到一絲怨恨，有個自由人說他買下了一個女奴的自由，這個女奴是他的「實質妻子」（奴隸不能合法結婚），「所以其他男人不能把髒手放到她乳房上」（Satyricon **57**）。馬克西穆斯寫過一個歷史故事，是關於一個名叫維圖里烏斯（Titus Veturius）的年輕人，由於財務危機，他把自己賣給一個名叫普洛提烏斯（Plotius）的人（*Memorable Deeds and Sayings* **1.9**）以抵債。普洛提烏斯性侵維圖里烏斯，但維圖里烏斯拒絕屈服，於是受到奴隸的鞭刑。維圖里烏斯向執政官控訴，於是普洛提烏斯下獄，因為無論羅馬公民的財務狀況如何，都要確保他們的榮譽。維圖里烏斯不是奴隸。但也許這個故事真正顯示的是，一個羅馬聽眾認為，沒有人想要屈服於主人的性侵害之下。或顯示羅馬人只關心受害者是否為羅馬公民，奴隸的想法並不重要。

無被害人的犯罪

從前述可以清楚看到，羅馬政府對性侵行為本身並不感興趣，重要的是攻擊者和受害者的法律地位。法律旨在保護個人依自己社會地位所擁有的榮譽。如果受害者沒有社會地位，像奴隸一樣，便無榮譽需要維持。法律基礎所關注的是個人社會地位的不適當行為，但更重要的是，法律反映出人民的擔憂——這些不被接受的行為，會對其他社會團體產生怎樣的影響？一個奴隸被打，不會怎樣；元老被打，整個社會受威脅。因此，羅馬法律對一些行為具有強烈興趣，這些行為我們看來可能無害，但對他們而言，卻可能會威脅社會道德。從基礎來說，這是關於維持神明的庇護——羅馬人若行為惡劣，將會失去神明的庇護。在我們看來無受害者的犯罪，就羅馬人的觀點看來，卻可能有降災的危險。

羅馬政府有悠久的奢侈法傳統，該法是為了預防某些支出，對個人消費所制定的法律限制。二世紀作家格利烏斯在《阿提卡之夜》一書中指出，這些法律的制定是為了保持羅馬早期的節儉風格（*Attic Nights* **2.24**）。其中最早的奢侈法是元老院所頒布的一項法令，是有關崇拜希栢利女神的競賽（Megalensian），規定所有領導階級公民在執政官面前宣誓，不可在晚宴上花費超過一百二十個艾斯（asse，一種小面額錢幣）。除了蔬菜、麵包和葡萄

酒，不可買外國葡萄酒，餐桌上不可放置重量超過一百磅的銀器。這些規定很清楚，最初是針對羅馬精英階級，擔心如果領導階級貪汙腐敗，社會就會自頂端崩潰。這也顯示羅馬關注過度消費的情形會削弱羅馬人的力量。羅馬人的嚴格自律，使他們在戰場上表現良好，如果過度豪奢，可能會削弱這種自律。當然，這突顯了羅馬人的奢侈概念與我們有很大不同，我質疑，一杯外國葡萄酒、幾根銀器，對道德健康是否會構成巨大威脅？或許對外國葡萄酒的禁令，也含有經濟保護主義的意味，是為了確保羅馬人購買羅馬商品，但這樣的目的恰好符合更大的道德目標，因此不需要一一分別規定。

羅馬人所面臨的問題是，隨著發展更成功，帝國更壯大，財富與金錢支配也更多。貢品等獲益流入羅馬城，使富人能夠自由運用在私人娛樂方面。在這種奢侈風氣逐步上升的情況下，法律擔任了定錨作用。約於西元前一〇三年制定的《李辛尼安法》（*Licinian Laws*），特別規定某些節慶盛宴的財務支出限制，但同時開放婚禮的花費。限制固定重量的肉乾和其他醃製食品，但允許無限制使用土地、葡萄樹或果園所種植的農作物。道德上可接受的食物，是從地面自然產生的新鮮食物，而非任何醃製品或肉食。肉是有價商品，最好保留為神的祭品。但正如格利烏斯所說，可悲的是，這些法律很快就被拋棄，富人愛好美食，並且「肆無忌憚地將家產投入宴會的深淵」。最後，他列出奧古斯都皇帝的《朱利安法》（*Julianlaw*），限制平時工作日的晚餐不可超過兩百銀幣，節日增為三百銀幣，婚禮和

宴會為一千銀幣，但另外頒布敕令，假日的限制從三百增為兩千，呈現上層階級晚宴的通膨情形。格利烏斯說，拉高限制背後的想法，在於對奢侈品設定一些限制，而不是任憑增加，最後無法控制。我們可能會覺得憤世嫉俗，認為這不過是證明法律實施無效，而且無論法律如何黑紙白字，消費都還是會增加。

奢侈法想要規範的，不僅是食物和飲酒。羅馬在西元前二一六年坎尼戰役（Cannae）大敗之後，民不聊生，當時羅馬面對迦太基及卓越領導的將軍漢尼拔，一天中失去了五萬名男子，羅馬人對此的其中一個回應就是立法限制女性穿戴的珠寶，規定衣服的顏色，以及搭乘馬車可旅行多遠。這就是著名的《奧庇安法》（*Oppian law*），後來施行了二十年。西元前一九五年，羅馬擊敗迦太基之後，從迦太基曾擁有的許多行省中流入更多貢品，羅馬人變得更加富有，因此有人提議廢除此法。對許多人來說，戰爭已結束，法律變得沒有必要，羅馬貴族從未過得這麼好，顯得限制的嚴苛，因此雙方對廢止法律的提議產生公開激辯，李維對此發表長文評論（*History of Rome 34.1-8*），從他文章的長度，突顯奢侈相關的法律在羅馬人心中極具分量，而雙方的辯論也讓我們得以更加深入了解羅馬心理學。羅馬人發現自己內心完全的互相矛盾——受限於節儉，卻沉迷於財富。

同樣可見，當羅馬男人在戰場上打敗仗，自然反應會歸咎家裡的女人，認為家裡的女人穿著打扮過於奢華，造成男性後代變得性格軟弱。在此我們又看到羅馬人心中直接將個人

消費和軍事實力連結。而且法律主要雖是面對精英（限制穿戴黃金首飾、用最貴的紫布，還限制最昂貴的馬車旅行），但所有羅馬人都對這個問題抱持強烈意見，紛紛擠入市政廣場聆聽雙方辯論。連女性都有不少人出來發聲，表達她們強烈支持廢除法律，認為如今羅馬一切無恙，要求男人前往廣場推翻限制。每天都有來自周圍鄉鎮和村莊的女性進入羅馬城，人數愈來愈多，最後她們甚至鼓起勇氣，提出要求，對執政官和其他政府官員施壓。

有位執政官是強硬的老卡圖（Cato the Elder），他與這幫女性抗議者之間自然是難以溝通。如果羅馬丈夫們有更好的控制權，現在就不會有這些妻子的麻煩，甚至她們還進入廣場，干擾男性的政治世界。這是對傳統角色的破壞，老卡圖非常生氣：「這算哪門子行為？到大馬路上拋頭露面，和別人的丈夫說話？」在老卡圖心中，我們看見奢侈與宗教之間有一個清楚的連結。他抱怨，許多人崇尚希臘文化的繪畫裝飾，嘲笑羅馬神廟入口站立的眾神石雕。他說：「就我而言，我更喜歡這些神像」——因為眾神為羅馬建立了帝國。奢侈還有另一個問題，它就像一種永遠不會滿足的疾病。一個人愈是沉迷於個人快樂，想要的愈多。老卡圖認為，那就像一隻野獸。

老卡圖是一位傳統主義反動派，他認為，羅馬太成功，改變沒有任何好處。但他屬於辯論的極端立場。較溫和的發言者認為，如今羅馬已取得勝利，不再需要當初建立在深度絕望中的法律，從前人們節省每一分錢，為戰爭出錢出力，羅馬的女性也一樣必須分擔，而不

是浪費金錢在穿著打扮和樂趣上面。但如今女性收割勝利果實的時間到了，女性團體不斷大聲疾呼，敲打反對廢除法律者的家門。最後女人贏了，《奧庇安法》被廢除。

關於奢侈的羅馬法律，反映出一系列道德問題——擔心軍隊喪失作戰力、擔心奢侈會上癮、擔心奢侈開銷會侵蝕羅馬權貴階級的家庭財富。這些法律代表羅馬精英的自律精神，以防止奢侈造成統治階級腐敗，破壞社會秩序。但《奧庇安法》告訴我們，所有羅馬人都對奢侈非常感興趣。部分可能是因為羅馬社會的財富確實不斷增加，許多人都發現自己進入法律限制的消費範圍。但我們也發現，羅馬政府愈來愈擔心某些地區下層階級的行為。酒吧尤其成為上層階級關注的的焦點，一般羅馬人平時會到這裡聚集，消磨空閒時間。

罪惡的淵藪

酒吧在羅馬人的日常生活中占有重要地位，兼具迷你休閒中心的功用，因為大多數人家中一般都沒有廚房烹調設備，酒吧便成為獲取熱食的地方，當然也提供冷食，葡萄酒則通常會調入熱水混合。龐貝城有一百四十間酒吧，由此可見這裡是日常生活的中心（不過酒吧還是雜貨店，兩者經常難以分辨）。*Taberna*，*popina*，*ganeum*，*caupona*，*hospitium*，*deversorium*等都是酒吧的名字，可見受歡迎的程度。

酒吧多會提供娛樂活動，包括音樂、買春和賭博，三教九流各種人都有，還有奴隸，奴隸來酒吧往往是為了說精英們的壞話，因此一般人來酒吧目的可能也在此。

羅馬上流社會根本不了解酒吧。一般人認為這是找吃食和娛樂的地方，精英卻覺得道德敗壞。酒吧成為罪惡的淵藪，醉酒、賭博、打鬥、買春，都含有煽動叛亂的風險。在阿普留斯小說《金驢記》中，有一位出身富裕高貴的年輕人名叫泰拉西勒士（Thrasyllus），他深深沉迷於酒吧的樂趣，時間都花在嫖妓以及白天飲酒，因此成為邪惡盜賊的同夥。不久，他便犯下謀殺罪（*The Golden Ass 8.1*）。酒吧裡單純的一杯酒，在精英眼中，是通往毀滅的第一道滑坡。

飲酒是上流社會的主要表徵，但飲酒方式很重要。二十世紀後期一位基督徒作家亞歷山大的革利免（Clement of Alexandria）寫了一本《導師基督》（*Christ the Educator*），反映出這種對下流階級的輕蔑。他描述一位好基督徒應該如何飲酒，注意不要像個重度酗酒者一樣：「喝酒不要扭曲臉部，不要貪婪地抓住杯子不放，不要在喝酒前以不適當的方式滾動眼珠……不要一口氣喝完，不要噴灑到下巴和衣服上……吞酒時，喉嚨不要發出咕嚕聲」，優雅的飲酒者應採取緩慢步調，以有規矩的方式小口啜飲（*2.2.31*）。

酒吧大多都有賭博，不過不合法，但晚宴和農神節假期則允許小賭。這種官方的謹慎態度真令人費解。羅馬無論社會階級，人人都喜歡賭博，據說甚至連克勞狄烏斯皇帝也寫了

一本關於賭博的手冊。但當賭博發生在酒吧這種人群聚集的場合，便可能對社會造成較大的道德威脅。這種敵意部分反映在對酒吧的鄙視。一位自以為是的羅馬作家，甚至抱怨深夜羅馬酒吧中噁心的鼻息聲，這些噪音來自擤鼻涕和全神貫注賭博。賭博是衝突的常見原因，有關賭博的法律都與攻擊和使用暴力（*Digest* **11.5**）相關。但除了賭博，當局還透過立法來反映社會的敵意，企圖限制酒吧。

不同的皇帝都發布禁奢令，規定酒吧販賣的商品。提比略禁止販售甜點，克勞狄烏斯禁止熟肉和熱水（熱水可用於混合葡萄酒）。即使尼祿聲稱一生都在酒吧中度過，他仍下令禁止酒吧販售所有煮熟的東西，除了蔬菜和豌豆湯（換句話說，沒有肉）。維斯帕先規定，除了煮豆，不允許酒吧販售任何熟食。這些禁令的理由可能與經濟有某種程度的關係，但主要的驅動力絕對是擔憂。在羅馬這座宏偉的帝國城市，享受奢侈的不僅是上流階級。正如《奧庇安法》設限女性的個人消費，有關酒吧和賭博的法律，則是限制一般羅馬平民的消費。

在高階精英與一般羅馬人的酒吧經驗之間，似乎存有頗大的差異。龐貝酒吧中標準的壁畫裝飾略顯破舊，顯示了酒吧生活的典型場景，重點主要集中在飲酒的樂趣。我們看見一群男子坐在桌旁，向女服務員點了另一輪酒，有吧女和客人在調情（還更多），還看見很多人在賭博。公平地說，壁畫確實描繪了男性賭骰子，立法者視之為酒吧文化的一部分，這也

是正確的。龐貝一間酒吧（薩利烏斯酒吧，現於義大利那不勒斯考古博物館）壁畫中最後的場景，顯示幾個賭徒在爭執賭博結果，老闆威脅要把客人趕出酒吧。老闆口沫橫飛，說老闆該說的：「你們這些傢伙，如果想要打架，到外面去吧」。一般羅馬人在當地團體中，地位大致平等，因此打架也可以看作是激烈對抗的反映。很多賭博的樂趣來自於與社交競爭對手進行正面交鋒，如此可爭取地位，而且其中還有一種組織情誼。歷史學家阿米阿努斯聲稱，在羅馬，唯有透過賭博所打造的友誼最親密，其他則很冷淡（*Histories* ***28.4.21***）。另一個促成反酒吧法的問題是八卦、謠言和酒吧的關係。我們已知，任何熱門聚會都被權貴視為疑似有政治上的意圖。人民圍著酒吧，事實上代表了一種反文化，對社會秩序構成威脅。

雖有如此多法律，但實際的執行卻沒有多少。權貴疾呼並利用法律攻擊酒吧提供的食物以及娛樂活動，很大程度上是在釋放道德壓力。嚴詞抨擊這些新型城市設施，一定程度也反映了權貴的焦慮感。面對羅馬逐漸形成巨大的城市，他們無從控制眾多人口。由於當局缺乏資源，不能執行立法制度，只能樹立典範。從酒吧的數量看來，顯示政府所做的一切都不具效果。相反地，對這種在他們身邊自由營運的另類文化，我們可從權貴方面的敵意（包括法律和文學）看出他們的不安。

女性犯罪

將女性犯罪列在道德犯罪的章節中，似乎有些奇怪。但羅馬男性對女性的看法，其實與道德語言緊緊相依，因此背後的真相究竟是什麼？這一點我們無法從女性犯罪的表面察覺出來。女性犯罪的描寫以及對它的理解，受到男性如何看待「女性有能力做什麼」的強烈影響。現代西方世界中，約有四分之三被判嚴重罪行的是男性，女性傾向犯下小偷等輕罪。羅馬不可能產生任何可靠數據，但資料給了我們一個強烈的印象，羅馬女性成為受害者的可能性，比成為犯罪者更大，而且一般女性犯罪確屬小規模。

羅馬婦女犯罪較少，可能是因為家族密切關注女性而非男性，也可能是因為守規矩的壓力較大。如果一個女人想要成功扮演社會所期待的角色，擔任母親和家庭主婦，她需要確保無暇的榮譽。當個好女兒、被有前途的男人選作妻子、好好帶大孩子，都是在要求女性要比男性更加切實遵守行為約束和限制。同理，有人認為現代女性犯罪增加，則是反映出社會對女孩和婦女的控制程度，比前一兩代要低。

因此，婦女基本上被排除在犯罪法律程序之外，原因很簡單，人們認為這些事與女性無關。公法屬於公共糾紛領域，上流社會男性在教育中會學到這種重要技巧。但如果是女人

需要訴諸刑法，則會有一位家族男性成員作為代表。事實上，一般是不允許女性在罪案中指證犯人，除非男性代表已死（*Digest* **48.2.1**）。女性能夠復仇，提出犯罪指控，但唯有在冤枉她們生命中重要男性的情況下。女性不能在正式法律行動中擔任證人，也不能在法庭上代表他人。但這並不代表她們在私法中沒有權利（相對公法）。在很多方面，古羅馬婦女的權利，與其他工業革命前社會相比並不差——女性可以擁有財產，可以繼承並簽訂合約，提起民事訴訟，也需承擔犯罪責任（這是不利的一面）。但從羅馬法律的觀點來看，犯罪法律主要處理的是與社會團體相關的大型公共行動，而這些被認為已幾乎完全排除女性的參與。

但羅馬婦女仍會面對各種法律狀況，這些通常圍繞著女性破壞或違反「家庭對女性行為的期望」。弗拉克斯（Calpurnius Flaccus）提到在法律學校所舉的模擬案例中，可見男性作者看待女性的有趣見解。在一個荒謬的虛構範本中，一個男子原以為自己是一個女性公民的兒子，發現「母親」通姦，因此想用長矛殺死她。她設法阻止並告訴他，他不是她的親生兒子，但仍被殺死，然後男子以外人身分接受變賣為奴的懲罰，失去了公民身分。「母親」的父親，也就是男子的「祖父」，將他買下，成為主人，隨即將男子釘死在十字架上，作為殺死自己女兒的復仇。

拋開法律細節，此案強調了男性滿腦子所想的身分問題。羅馬男性從未完全掌控女性的所作所為，因此無法完全確定孩子是否真的是自己的，而不是家裡哪一個男奴的。弗拉克

斯提出另一個身分不確定的案例。一對白人父母生出黑人男嬰，丈夫控告妻子通姦罪。妻子則辯稱嬰兒只是曬傷或瘀傷。但原告聲稱，這顯然是妻子的預謀。羅馬埃及有個真實案例，一個名叫佩索利絲（Pesouris）的女人，在垃圾堆裡撿到一個赤裸的男嬰，交給奶媽薩拉絲（Saraeus）照顧，奶媽已有一個自己的兒子，也是嬰兒。後來其中一個嬰兒死了，佩索絲聲稱活著的是她撿到的棄兒，但薩拉絲堅稱這是她自己的兒子。最後法官判定，孩子貌似薩拉絲，因此可留下（*P. Oxy.* **1.37**）。前面的虛構案例，是為了一般羅馬男性不確定的家庭生活所建立的範本——你如何知道自己是誰，可以信任誰，如何控制你的女人等。訊息的傳遞大聲而明確——懲罰必須嚴格執行，以確保男性威權。

一般羅馬帝國婦女最難以承受的或許是貧窮的重擔。她們被期待照顧家庭及提供食物。由於男性的高死亡率以及晚婚，所以寡婦很多，這相當於她們有迫切的需求。其中可能有許多女性為了生存，轉而犯下一些小偷等罪。但也有工作得到報酬的機會。女性的工作一般是屬於家庭領域，如做衣服、修改衣服，或從事低收入的服務業，如酒吧服務員。在資料來源中，吧女經常等同於妓女，但事實上真相很難說，這可能只是人們對酒精和婦女連結在一起所反映出的道德質疑。

我們無法知道有多少女性做著妓女工作。二世紀演說家和哲學家「金嘴」狄奧（Dio Chrysostom）在著作《演說》（*Oration*）中造成了一種印象，他說骯髒的妓女戶公開出現

在城市中每個角落，甚至在官員辦公室外、廣場和神廟旁（***7.133-52***）。顯見他要強調的道德觀點。但確實如此，賣春很可能是女性常見的經濟活動形式。賣春相較於家庭的半奴隸制度，確實為許多貧窮的羅馬女性提供了一份相對自由的工作，即使大多數人只是出於最迫切的生存需求。男性對買春的態度則一直寬鬆以待。根據斯特拉波《地理學》（Strabo *Geography*）所述，在哥林多甚至有一間神廟，偶而會充當妓院（***8.6.20***）。

但是談論到賣春對女性的影響，男性的態度就變得沒那麼輕鬆。由於恥辱罪（*infamia*）影響，妓女的法律地位很低，代表她們有部分權利被政府剝奪，會受到身體上的懲罰，這種懲罰也會施予皮條客、角鬥士、演員等表演者，即任何以取悅別人為工作的人。這是一種經典的男性偽善，一般認為，男性向妓女買春是可接受的，但妓女賣春維生卻是可恥的。如同「金嘴」狄奧的說法，「全世界都譴責這種恥辱的生意」。妓女代表女性脫離恩典，可能會墮入最底層，變得與理想的女性形象完全相反。妓女不是家庭、被動、可敬、有道德的；妓女是公眾、不道德、主動的。她會遭受法律懲罰，失去女性地位，並被迫穿上男性的長袍「托加」展現公開主動的角色。這不禁令人想要去細查是否有更黑暗的理由。羅馬人讓妓女穿得像男人，是否因為這樣更具性吸引力？是否在此看見同性戀的意欲？或者可能是，因為唯有男性地位可以穿寬大的托加長袍，所以侵犯其他「公民」而感到興奮嗎？

法律的確對娼妓有所限制。販賣奴隸的前提是不能用作娼妓。付給妓女的錢，就像賭債一樣，無法追回。但男性對娼妓相關著作的主要焦點在於限制某種被認定的道德威脅。這個假設是說，一旦女人失去了社會的尊重，表示已開始向下沉淪，只會愈陷愈深。娼妓也可能解釋為對社會廣泛的威脅，會造成男性顧客的腐敗。狄奧聲稱，當買春如此容易，男人會漸漸厭倦女性娼妓所提供的愉悅，轉而尋找年輕男性，從而使得「不久之後將成為官員、法官和將軍的青年」腐化。娼妓被視為道德淪喪的根源，有如社會整體健康的一面鏡子，賣春的女性人數越多，社會遭受痛苦的可能性越大。

父系主導的家庭確實可為女性帶來一些好處。為了維繫理想女性的貞節，維護自己的名譽，促使男性有更多動力去保護妻女免受性剝削。從這層意義上來說，當女性受到壞男人誘惑，偏離家庭美德，她們便成為道德犯罪的受害者。即使發生這種情形，壞男人的誘惑也只是一種暗示，暗示女性先天是弱者。

女性被認為需要男人保護，來使她們維持在家庭的正道之上。甚至大部分女性都已完全社會化到依賴家庭。八卦和聊天維繫著女性在家族中的聲譽，並詆毀那些被認為沒有做到預期行為規範的女性。來自母親、姑姨和祖母的家族壓力，迫使女孩遵守不成文的規範。詩人奧維德呈現了大眾的公開譴責有多大威力。他描述一些女孩因為意外懷孕只好墮胎，但經常因此而死。如果這樣的女孩被送到火葬堆，旁觀者會喊道：「活該！」（*The Loves*

2.14）

女性所樹立的理想形象，使人們認為女性不太可能犯罪。她們天性較貞潔，更謹守私人美德，天生孱弱，需要男性，被描繪為不需要犯罪。但當女性偏離了公認的規範，便會遭遇道德砲火。但男性作家對女性犯罪的興趣，僅限於其道德原因，以及對廣泛社會的潛在不利影響。重點在女性正常行為規範的期望受到破壞，而非這些違反行為是否存有任何理由。

通姦法

道德犯罪的兩個要素為：婦女的地位和運用奢侈法規範行為，這些在奧古斯都統治期間都有新的闡述。他的道德法將通姦定為公開的刑事犯罪，要求丈夫發現妻子外遇便要起訴，否則會有被控為皮條客的危險。如果罪名成立，一定要立刻休妻。根據通姦法條款，父親如果逮到女兒和情人通姦，可以立刻殺死兩人，無論兩人是在父親的房子或女婿的房子，都可以立刻殺死。丈夫則禁止殺死自己的妻子，但如果妻子和情人在丈夫的房子裡被逮，可殺死困在房子裡的情人，情人也當即犯下恥辱罪。通姦並不適用於所有人，必須要視女人的地位而定。已婚男人只會與可敬的已婚婦女發生通姦，和女奴、妓女則不算是通姦；但如果妻子和別人甚至奴隸睡覺，她就會犯通姦罪。奧古斯都非常認真看待這些法條，從此處可

見：如果指控送到法院，可允許奴隸作證，指控主人和情婦。

奧古斯都想要用這些法條做些什麼？對社會來說，是為了致力加強婚姻的神聖崇高性；對家庭來說，則是要建立誠信。經過共和國崩潰期間兩代的內亂，道德法成為他努力的核心。身為第一任皇帝，他要恢復羅馬帝國各面相的秩序。在這種觀點中，政治混亂本身即為道德混亂的反映，家庭是他努力的核心，他設法恢復秩序。但我們不太清楚，立法是否造成任何實際的影響。奴隸能夠提供證據，反抗主人，為告密者創造了一條輕鬆的道路（Tacitus *Annals* ***3.25***）。正如塔西佗所說，這個國家曾經遭受過惡行，如今處於因法律所帶來的危險之中。一位已婚、聲名卓越的女性，名叫維斯蒂亞（Vistilia），她為了規避道德法規，把自己登記在官方妓女名單上，這表示根據法律，她不會犯通姦罪。元老院對一個地位崇高的女性竟公開貶損自己，感到非常氣憤，因此修改了法律（*Digest* ***48.5.11.2***）。維斯蒂亞的丈夫由於允許妻子做這種事而差點被起訴，而維斯蒂亞自己則被放逐到希臘塞里福斯島。

通姦當然會造成許多焦慮。《阿斯特蘭普斯克斯神諭集》裡面就有一個問題：「我會被逮到通姦嗎？」請注意，重點不在通姦，而在是否被逮。外遇所產生的焦慮，顯現在答案的句子中：「不要煩惱」「不要害怕」。神諭說，身為通姦者是「腐爛的命運」。但焦慮的根源，是來自害怕被憤怒的配偶發現，還是害怕會被起訴，那就是另一回事了。歷史學家狄

奧曾經指出，西元三世紀初，成千上萬的通姦案沒有被起訴。他說皇帝塞維魯（Septimius Severus）為了要鼓勵婚姻的忠誠，甚至通過一些通姦相關的法律，使得雖有大量起訴書（數量多到當狄奧擔任執政官時，已經有三千個案等待他去處理），但真正被起訴的情況很少，皇帝亦失去了興趣。這至少造成一個印象——羅馬的上流階級經常外遇。有個故事強化了這一點。一位來訪的加里東（Caledonian）婦女，她妙語如珠，塞維魯的妻子朱莉亞奧古斯都，聽聞英國女性濫交的名聲，便想要戲弄她。客人回答，她們都是公開和最好的男人一起睡覺，和羅馬的作法相反，羅馬女人是讓自己私下被爛男人亂搞（Dio *Roman History 77.16*）。

有人公然藐視這項法律，包括奧古斯都自己的女兒朱莉亞，她被放逐到一個恐怖的荒島，但最糟的是不能碰酒（Suetonius *Augustus 65*）。奧維德告訴我們，精英作家也喜歡顛覆官方的立場。在奧古斯都統治時期，奧維德寫下詩作《愛的藝術》（*Ars amatoria*），這是一本指導愛情風流韻事的教科書，由於公然顛覆了奧古斯都大力推動的道德改革，可能因此造成他最後悲慘流亡在黑海小鎮托米斯。

整體來說，通姦法的目標應該是對準上流階級，但也展現羅馬新政權想要強力傳達道德目標給各階級的人民。在很大程度上，這是一個象徵性的法律，旨在設定目標，建立氛圍，而非一心想要起訴人民。因此，與許多羅馬法律一樣，政府執行的能力因資源不足而嚴

重受限。這些法律亦展現羅馬人如何維持對傳統有益力量的普遍信念，同時也認識到必須要改變的事。透過重申舊有的價值觀，奧古斯都重塑了一種完全不同的政治局勢。人民的普遍接受，是因為傳統保證提供穩定以及羅馬的持續成功。但奧古斯都的法律是否改變了羅馬人臥房裡的法律？我對此表示懷疑。

皇帝行為不良

如何將這些企圖重整道德的行為，與惡名昭彰的皇帝連結？如卡利古拉和尼祿，這兩位皇帝幾乎沒有表現出任何克制性行為的跡象。或喜歡和車夫、演員、角鬥士廝混的少年皇帝埃拉伽巴路斯，這些有關「恥辱罪」的法律是否涵蓋了一切的道德淪喪？埃拉伽巴路斯甚至性侵了一個維斯塔處女，然後繼續祭神。好吧，就算這些不過是傳聞。但其中很多是在真實的色膻腥上加油添醋。我們永遠不可能知道這些故事背後的真相，但的確強調了一個特點，只要皇帝想要，他們可以越於自己所創造的法律之上。

我們可能認為皇帝這種行為會破壞法律，但其實這種不端行為並非常態。就算有，皇帝行為排除於常例之外，更加強化了社會的規範。皇帝的壞行為會造成道德反彈，而這些都出現在歷史學家塔西佗、蘇維托尼烏斯等人的負面評論中。這些不道德的皇帝也受到了直接

的影響，都被暗殺，有關他們的紀錄也都被抹除。

皇帝的整體行為，反映了羅馬社會運作的雙重標準。一方面，再三設法維持公眾的行為標準；另一方面，性濫交和奢侈品卻日漸普遍，不受約束。皇帝維斯帕先向元老院施壓，強迫投票通過「女性若與他人的奴隸有染，便將遭受如奴隸般的對待」這條法案（Suetonius *Vespasian 11*）。圖密善也藉由引入一系列措施，企圖使道德重生，包括驅逐舞台上表演的元老、禁止女性用轎子、有性行為的維斯塔貞女一律處死（Suetonius *Domitian 8*）。四世紀皇帝朱利安則禁止酒吧提早開店，也不准賣熟肉，禁止一般人燒熱水（以免加入葡萄酒混合），甚至禁止在公共場所進食（Ammianus *Histories* ***28.4.4***）。我無法想像這些措施除了偶而之外，會有強制執行的時候，但與此同時，皇帝們仍繼續沉迷於各種奢侈鋪張的生活方式，不過每個皇帝奢侈鋪張的程度有很大差異。

不難看出這純粹是虛偽。另一種解釋是，羅馬人關心的是享受征服的果實，同時維護受到眾神庇護的良好關係，兩者始終保持一種微妙的平衡。此外，數百年來，奢侈也發生了顯著的變化，大部分開銷的增長都來自羅馬權貴階級，但普羅大眾也受益於娛樂和食品供應的增加。

羅馬的雙重標準，最明顯的例子或許在於人們對賣春的觀點。羅馬人雖然對女性行為不在預期標準內會產生焦慮，卻透過徵稅獲益。娼妓稅首先由卡里古拉提出，根據每個妓女

每月的性行為次數徵收。人民抱怨皇帝強徵娼妓稅等稅收，聲稱不知道這是什麼法律，總在無意間打破法律。卡利古拉雖已公布新法，但張貼的地方很小，字也很小，沒有人看見（Suetonius *Caligula* **40-41**）。

蘇維托尼烏斯主要是想顯示卡里古拉是不道德的皇帝。然而，徵稅增加了很多收入，後來的皇帝，包括基督徒皇帝在內，仍繼續徵稅，直到西元四九八年才廢除。

皇帝對賣春徵稅，實際上造成賣春合法化。雖然透過利用士兵收稅也建立了某種社會控制，但被動的官方認可，與嘗試以立法重申傳統道德形成了強烈的反差。有些皇帝因此感到不舒服，例如《後期羅馬皇帝的生平》中，塞維魯．亞歷山大指示了這種稅收不應存入公共財政，但應該用於政府維護劇院、競技場、圓形劇場、體育場的支出，以更具道德性、合理的方式，用私人的娛樂來資助公共娛樂。亞歷山大帝甚至考慮停止對男妓徵稅，想要徹底禁絕，但據說因擔心這樣的禁令反而助長地下化（*Live of the Later Caesars* Severus Alexander **24**），所以反而考慮政府可以運用這筆收入。

後繼的羅馬皇帝持續維持奧古斯都維護公共道德的興趣，並以此為目標，對準一系列無受害者的罪行。人們認為，皇帝身為人民的父母，有責任規範人民的消費。這種控制企圖的正當性在於認為需要維持社會的軍事力量，限制柔弱風氣，減少經濟浪費在無用的快樂上，維護想像中羅馬舊有的道德。奢侈法原意在限制權貴的過度奢侈，卻延伸到對付小規模

宴會和酒吧的小吃。在所有案例中，指責都直接歸究於個人的道德弱點，視各階級人民都被奢侈快樂誘惑而誤入歧途。酒吧本身象徵著新型城市文化，有如羅馬一樣興起，成長為一個巨大的國際大都會。從這層意義上說，我們可將奢侈法律視為表達關注的一種手段，可能威脅到社會變革和社會階級的穩定。但在現實中，酒吧對社會凝聚力並無真正威脅，娼妓也沒有。加諸法律上恥辱的汙點，是處理涉及其中者的適當方式，然而「恥辱罪」對一些社會頂級人士可能是公開差辱，但對下流階級來說，懲罰力度則要小得多。由於缺乏真正的威脅，讓皇帝除了道德譴責，還必須對賣春者執行真正的制裁。

法律有效地肯定了政權的道德意向，卻沒想過高標準如何能實踐。但我們發現這些道德意向隨時間的演進在改變，特別是當帝國愈來愈基督化之後（君士坦丁皇帝在三一二年改信基督）。樸洛柯庇斯在《密史》中敘述，西元六世紀時，查士丁尼皇帝頒布法律禁止雞姦，被定罪的人，要斬斷他們的生殖器，再進行公開遊街（Procopius *Secret History* ***II.34***）。那時，羅馬帝國的罪行已進入一個截然不同的時代。

War Crimes

第 7 章｜戰爭罪

關於戰爭

羅馬犯下戰爭罪嗎？羅慕路斯謀殺了弟弟，在一長串不道德的實例中，是否為第一個為實現政治目的而進行的暴力？羅馬征戰涉及軍隊許多極度野蠻行為：凱撒大規模屠殺高盧人軍、迦太基等大城市的屠城破壞，以及三次猶太人起義的大屠殺。羅馬的軍國主義社會讚美戰爭。羅馬人對這些暴行的態度也有完全不同的見解，既認為完全合理公正，也對戰爭時期許可的行為有特別的看法。我們如何能審判他們？

戰爭罪的意義究竟為何？一八六四年第一次日內瓦公約，規定了在戰爭中受傷士兵應得的待遇。但在恐怖的第二次世界大戰後，戰

爭法做出了更全面的表述，日內瓦第四公約第一四七條將戰爭罪定義為：

> 故意殺人、刑求或不人道待遇，包括……故意造成對身體、健康的巨大痛苦或嚴重傷害，非法驅逐、轉送或非法限制受保護的人，強迫受保護的人在敵對陣營服役，故意剝奪受保護人公平正規的受審權……劫持人質，破壞和挪用各種財產，不是出於軍事需要，而是非法放縱。

如今士兵對自己在戰場上的行動負有個人責任。在調查前南斯拉夫事件期間，由於海牙國際刑事法庭的積極作為，關於戰爭罪的定義，有了進一步的發展。「戰爭罪」一詞所涵蓋的意義，因新型暴力而改變。例如，二〇〇一年海牙法庭裁定，戰爭期間，大規模有組織的性侵和性奴役，是違反人性的犯罪。

羅馬人的觀點卻不同。如果將軍帶兵征服了一座城市，所有居民都可任憑處置。《法學匯纂》呈現了這一點，奴隸的英文「slave」源自拉丁文動詞「*servare*」，意思是「拯救」，因為將軍選擇不殺死居民而是當成奴隸賣掉，挽救了他們的生命。對羅馬人來說，征服代表占領敵人整個族群，士兵只是其中一部分。在某種程度上，現代戰爭已回歸這種面對所有敵人族群的做法，而不僅是軍事人員。

羅馬人認為，戰爭是為了抵制入侵者入侵羅馬領土，例如對入侵者闖入邊境竊取財物的報復，或對違反條約的回應。傳統上，宣布戰爭的儀式稱為「*rerum repeitio*」，會出現「賠償的要求」。大祭司兼使者會公開宣布羅馬的要求清單，首先是到邊境時，然後是越過邊境後遇到第一個人，再來是進入敵人城牆時，最後到達廣場，將清單交給當地官員。如果要求不能被滿足，大祭司會宣戰，然後由元老院批准。一旦決定參戰，大祭司將返回邊境，投出浸血的長矛，射入敵方領土，戰鬥便開始了。顯然這程序很繁瑣，若羅馬面臨的是國外的敵人，將無法執行這種儀式，因此羅馬設有一根圓柱，用來象徵敵人，羅馬人會將長矛射往圓柱，這種做法一直維持到至少二世紀末。

羅馬人也相信戰爭權來自神授。這不僅反映他們相信眾神會站在羅馬這邊，也會積極採取行動，邀請眾神參與，確保神明完全支持羅馬的行動。展開戰役前，元老院會獻祭精美禮品和金錢給眾神，祈求神明讓他們贏得勝利。這種莊嚴的儀式需要最「高級大祭司」（Pontifex Maximus）發表誓言。

當羅馬行軍攻擊一座城鎮，也有類似儀式，軍隊裡的大祭司會說服敵人的神明站到羅馬這邊，強調神像會被妥善對待，之後會如何虔誠地繼續膜拜。「我向祢祈禱，恭敬地懇求祢，眾神。」大祭司會說：

> 拋棄這些人和城市，遠離他們的建築、神廟和房屋，讓人民充滿害怕恐懼，來羅馬吧！我們的城市和神廟將更加適合祢，我們羅馬人將妥善照顧祢，祢將欣賞我們的不同……如果祢這樣做，我發誓我們將為祢建造神廟，舉行慶祝競賽。（馬克羅比烏斯《農神節》Macrobius *Saturnalia* **3.9.7-8**）

由此可見，羅馬的正義觀與他們支持神明的信仰有關，他們不斷向新舊神祈請。他們並不是對戰爭做出道德主張，以平反生命損失和破壞的結果。最重要的是，這顯示他們覺得需要為自己的行為提供某種更高的正當性，而不是純粹的自身利益。他們的說法很令人質疑，但羅馬人在自身利益與神聖利益結合時，似乎最樂於去進行戰爭。

羅馬人很清楚，被他們入侵的受害者並不贊同這種觀點。在一場著名演說中，蘇格蘭加里東領袖卡加庫斯（Calgacus），對羅馬人加諸他人的痛苦提出了詛咒的控訴。他吶喊：「他們侵犯了整個世界，以『法律與秩序』為名，實行綁架、屠殺、掠奪。他們帶來了破壞，卻稱為和平」。

這些激動人心的言語，是由羅馬歷史學家塔西佗所寫下（*Agricola* ***29-31***）。他敘述這段挑釁言論，顯示羅馬人知道別人對他們的武力有相當迥異的看法，即使塔西佗的創作旨在表達羅馬人的明確關注，諸如文明的法律和秩序的重要性，而非野蠻的侵略。但羅馬人並不

認為所有戰爭都會造成滿目瘡痍，現存文獻中有很多記載是關於如何在道德範圍內進行戰爭，以及應該對軍事行動設定何種限制。

西塞羅曾寫過一篇冗長的文章，討論構成正義之戰的本質及戰鬥職責人員的義務，以確保戰爭的進行會根據所有民族的風俗習慣（*ius gentium*, *On Duties* **1.33-41**）。他認為，戰爭中的不公義往往是因人民欺瞞法律而產生。西塞羅說，正是這種行為造成這種說法的流傳，「法律愈多，正義愈少」。

他舉斯巴達國王克里奧米尼斯（Cleomenes）為例，國王與敵人協議停戰三十天，卻在晚上突襲敵方陣營，因為他說協議規定是「白天」不是「夜晚」。另有一例是費邊（Quintus Fabius Labeo）的故事，他受元老院指派，仲裁諾拉與那不勒斯之間的邊界爭端。他敦促雙方讓步，而他們也照做了——照費邊的建議修改邊境位置——於是中間產生了一片不小的土地。後來費邊將中間的土地贈與羅馬人。西塞羅說「那不是仲裁，是詐騙」。

他說，在戰爭中，必須嚴格遵守戰爭的權利。首先，他提倡一個原則，對話比衝突要好。力量是殘暴的特徵，永遠都應作為最後手段。戰爭唯一的藉口是為了和平生活，不要傷害。他繼續爭論，一旦取得勝利，「我們應該饒恕在戰爭中沒有殘忍嗜血的人」。他還主張最高標準的誠信，對待敵人維持行為公正。他舉出一個皮洛士（King Pyrrhus of Epirus）逃兵的例子，士兵提議用毒藥暗殺國王，元老院的回應是將逃兵送回皮洛士，顯示他們強烈譴

責任何形式的謀殺，即使是對抗強大好鬥的敵人。這些文字寫於西元前四四年，當時野心勃勃的龐貝和凱撒等羅馬將軍，花費二十年征戰，取得歐洲大片土地，以進一步實現其國內政治目標。但重點當然在於，西塞羅明白，凱撒贏了（西塞羅很快就被殺了）。他在獨裁政權即將取代憲政體治的背景之下，努力推動良好的政府組成。他譴責戰爭不應只為取得至高無上的地位或榮耀。因此，我們不能將西塞羅的文字視為戰場上羅馬勢力實際情況的代表，或一般羅馬人對戰爭的感受。

然而，西塞羅讓我們清楚看見，戰敗者並非絕對不可侵犯的，在戰爭中，他們的下場反射了自己的行為。放下武器向羅馬將軍投降的人，比那些堅持戰鬥到底的人，得到更好的待遇。羅馬成為投降者的保護人，提供安全的承諾，具有保護的責任。任何對敵人的承諾，應視為榮譽問題，倘若沒做到，就是野蠻、枉而為人。戰爭動機也會影響戰爭的風格。追求榮耀的戰爭，比較不像為生存而戰那麼痛苦。漢尼拔險些讓羅馬屈服，所以當羅馬最終重新占上風，便不得不摧毀迦太基。

戰爭罪類型

現實中，羅馬人對戰敗者會進行一連串的暴行。戰俘總是難以控制，加上還要供應食

物，難怪將軍有時決定殺死他們。漢尼拔在一條狹小的通道中遭遇羅馬軍，被逼入絕境，他立即下令處死五千名戰俘，以防這些人利用困境幫助羅馬同志（亞壁安《漢尼拔大戰》Appian *War Against Hannibal* 14）。這可能是在形勢嚴峻下必需採取的行為。更常見的是故意虐待戰俘，這是在對敵人傳達明確的訊息。凱撒在高盧戰爭最後一役中，擊敗維欽革托利（Vercingetorix），然後砍斷了每個戰俘的右手臂。這樣做一部分有助於防止敵軍再次舉起武器反抗羅馬軍，凱撒還將他們分散到新征服的省份，由於戰俘人數眾多，可作為活生生的警告，提醒敢於反抗羅馬者的命運。

歷史學家波利比烏斯（Polybius）講過一個有趣的故事，一群迦太基叛亂分子也故意模仿，切斷俘虜的手臂，恐嚇迦太基。叛亂分子決議折磨並殺死擄獲的所有迦太基人，然後砍斷所有迦太基盟支戰俘的雙手，全部運回首都（*Histories* 1.81）。波利比烏斯觀察到，伴隨這種戰爭罪有一種特殊的心理學，就像生了折磨肉體的凶惡腫瘤，無藥可救，靈魂也一樣。在人類心理中，這些惡性力量的極端發展，使人類有能力變得比所有動物更邪惡、更殘暴。如果仁慈、寬容以待，他們只會變得愈加不信任。如果待以殘酷的暴力，他們會變得更激動，所有惡劣殘暴的行為都做得出來，以為自己表現的是真正的勇氣。最後，這些罪犯會完全失去人性，不配再被稱作為人。波利比烏斯指責這是各種因素共同作用的結果——童年教養不良、上位者的不擇手段、以習慣性暴力對待他們。

羅馬軍隊並沒有習慣性地虐待俘虜，事實上，他們有正規的處理方式。通常會對敵人展現寬厚，並交換戰俘（比如，Livy *History of Rome 22.23*）。俘虜有時也可贖回，或甚至不拿錢直接放人。國王經常被釋放，或軍隊整個解散、釋放，而且會拿走武器。我們可以看到處理戰俘的程度範圍，代表各種會對敵人造成不同影響的策略——有時恐嚇、有時削弱忠誠、有時補償戰敗的痛苦，但總是企圖以一種方式來呈現羅馬的力量，既殘忍又仁慈。就如法律具有雙面力量一樣，既可懲罰樹立模範，又可顯示寬大，所以羅馬軍隊知道，不能單純殺死所有敵人，必須建立羅馬統治的合法、道德基礎。

戰後，羅馬人有時會強制驅逐和遷移人口，以此作為政治性的殖民手段。一個案例是，有一支薩拉西族（Salassi）世代居於阿爾卑斯山，該民族性一向膽大、自主行動，由於這違反羅馬的利益，他們被設計賣掉，永世為奴。羅馬對人道主義危機的發生早已有萬全的準備，除了把人移走、排除障礙，還破壞他們的集體記憶和社會網路。這就是羅馬人所謂的建立和平。僅存的少數薩拉西人，可能屬於親羅馬派，而且確實受益於羅馬的全新生活方式，但唯有在城市環境中，才能讓他們身處的每個角落都充滿羅馬氣息。

間諜一旦被捕，下場通常是處決，但為了殺雞儆猴，刑罰通常很殘忍。李維告訴我們一個迦太基間諜的例子，他躲了兩年才被逮捕，終於在羅馬落網，處以斬斷雙手之刑後隨即被釋放。有個奴隸密告其他奴隸通敵，當時一舉抓了二十五個奴隸，通通被釘十字架，舉報

者得到自由的報酬，還拿到兩萬羅馬幣（*History of Rome* **22.33**）。

一般認為，外交使節值得較好的待遇。的確，他們的地位代表國家，幾乎等同神聖不可侵犯。因此不當對待羅馬使節，可挑起或提供理由讓羅馬進行大規模的回應。凱撒《高盧戰爭》（Caesar *Gallic War*）記載，威尼提人（Veneti，居於今法國布列塔尼半島）拘留他的使節，闖入大牢，凱撒隨即下令建造大型戰艦，編制船員，等到天氣轉好，他便與部隊一起開航（**3.9**）。威尼提得到警告，才知道他們犯了重罪，顯然他們沒有意識到不當對待羅馬特使後果會有多嚴重。可見在依賴使者溝通的國際系統中，想要運作正常，使者的安全至關重要。但威尼提的情況代表有人不同意這一點，或有人在外交方面經驗不足，或其實他們已準備好要越過使者的神聖地位，提出一個強大的外交觀點。

婦女在戰爭中經常成為性侵受害者。李維（*History of Rome* **38.24**）描述了羅馬人和特克托薩季族（Tectosagi，居於今土耳其）一個著名例子。他們擄獲了敵對國王的妻子，「一個美貌出眾的女人」，她被武裝看守。起初，負責看守的百夫長想要引誘她，但被拒絕，便性侵了她。李維自己認為這不是問題——畢竟這個女人被抓到，落到了奴隸的地位。在故事中，女人後來報了仇，她逃走，命令自己的侍衛割斷百夫長的喉嚨，砍下他的頭，然後帶著頭回到丈夫面前，顯示她報復了攻擊，從某種意義上恢復了她完整的女性特質。顯然李維認為這個故事值得記錄，因為故事中的女人具有很高的地位，並且她以陽剛侵略性的方式，成

功恢復了過去的身分。在現實中，很多女性在戰時都會遭受毒手，被敵軍性侵，對侵略者來說，這是勝利的一部分報償。我們還可以假設，幾乎沒有受害者因苦難而獲得任何補償。

儘管有這些暴行，羅馬人仍預期有一定程度的文明行為標準。李維在描繪第二次迦太基戰爭中的迦太基人時，特別強調了這些敵人兇猛及不人道的純粹野蠻行為。迦太基軍力來自世界上最遙遠的角落，遠自「海克力士之柱外邊」，士兵「甚至不是非洲當地人」。由於在地理上距離帝國中心遙遠，肯定是個缺乏羅馬文明價值觀標誌的地方，迦太基傭兵也充分展現了這一點。他們被描述為「不識律法」，甚至幾乎沒有語言，他們天性本就野蠻，而漢尼拔更教他們如何以人肉為食，讓他們變得更野蠻（李維在此遲疑地說：「野蠻到我幾乎說不出口」），他批評說，凡是出生在義大利的人，有這樣殘暴的主人，豈能不恨。由於他們同類相食，只要與他們接觸就是不敬的行為。當然，這些是文字宣傳，但被認為大致是可信的（*History of Rome 23.5*）。

同樣地，羅馬人對自己人所犯的戰爭罪行特感憤怒。西元九年，瓦魯斯（Varus）將軍所率領的軍隊，在日耳曼條頓堡（Teutoburg）森林中遭窩裡反而慘敗，據說奧古斯都一頭撞在一扇門上，要瓦魯斯還回失去的軍團（Suetonius *Augustus 23*）。這場戰役六年後，塔西佗敘述日耳曼尼庫斯（Germanicus）熱切地想要向這些逝者致敬。這不是件容易的事，事發地點位於敵人的領土深處。先遣部隊探索隱蔽的森林，在被洪水淹沒的沼澤上搭建木橋和

堤道，最後終於找到瓦魯斯的營地。陽光下閃耀著一堆白骨，可見這塊土地上當時屍體堆積如山，到處都是碎裂的長矛和馬匹的殘骸，人頭骨被釘在樹幹上，清晰可見。附近的樹旁設置了祭壇，日耳曼人在此殘忍屠殺了羅馬軍隊指揮官和百夫長。這場敗仗的倖存者也說，許多羅馬兵被絞死、受酷刑而死。隨著日耳曼尼庫斯的到來，羅馬軍隊埋葬了同志們的遺骨，同時心中亦升起對暴行的憤怒。將軍親自為埋葬遺骨的墳墓墩鏟下第一把泥土（*Annals 1.61-2*）。

敘述的重點變得清晰起來。日耳曼尼庫斯對逝去的同志充滿了虔誠的責任，他的皇位競爭對手提比略很快接替奧古斯都擔任皇帝，但人們認為他缺乏這樣的羅馬榮譽。提比略不贊成日耳曼尼庫斯，認為告訴士兵這種羅馬的大敗仗，會讓他們在打仗時不再勇往直前，變得更尊敬敵人。換句話說，提比略無疑是一個硬派將軍，全心全意面對國防軍務，卻沒有崇高精神或榮譽感，塔西佗認為這是羅馬帝國統治者的特徵。一個真正偉大的羅馬人，如日耳曼尼庫斯一樣，明白該如何處理戰場上羅馬士兵所受到的褻瀆。

平民傷亡是不可避免的。行動可能主要是為了戰勝軍事反抗，但攻擊行動通常會波及整個人口族群。例如，攻擊敵人的食物供應，不可避免同時也會造成平民相當大的附加損害。高盧起義後，領導人維欽革托利因對抗凱撒軍隊的常規交戰，遭受一連串損失，於是決定徹底改變戰術。為阻止羅馬人得到軍需糧食，他派遣騎兵摧毀羅馬軍前往地區的農場

和村落，防止食物落入羅馬軍手中。由於小城鎮的防禦工事都不夠堅固，最後全部被燒毀（Caesar *Gallic War* ***7.14.1***）。羅馬人在進行軍事行動時，也會將目標對準農業生產。當羅馬向敵人宣戰，也包括掠奪敵人的土地，必要時甚至連羅馬自己的領土都會用焦土策略來阻擋入侵者。

城鎮一直是入侵和攻擊的主要目標，攻占行動經常導致暴行。李維敘述了西元前六七二年羅馬攻擊義大利阿爾巴鎮（Alba），造成徹底毀滅。他們破壞所有屋舍，驅趕人民，毀了整座小鎮。每個離開的人都盡可能帶走隨身物品，家裡供奉的神祇則不得不留下。街上擠滿了難民，許多人都流著淚，經過神廟時，眼看其落入羅馬人手中，人們難過得大聲喊叫起來，覺得好像自己的神也成了俘虜般（*History of Rome* ***1.29***）。

如果一個城市沒有快速向羅馬軍投降，羅馬軍就會採取攻擊行動，當羅馬車終於攻克該城，通常情況會更慘。成年男性通常被殺害，婦女和兒童被奴役。整座城本身都遭到掠奪，夷為平地，土地被沒收，變成羅馬公民定居的永久殖民地。不過請記住，古代只有少部分人口居住在城鎮中，許多農村人口僅在敵方襲擊期間到城牆內尋求安全庇護。羅馬在消滅一座城鎮時，雖沒有進行種族清洗，實際上卻有效驅趕了當地居民，取得政治領導權力，除掉最富有的成員，占領主要機構，如神廟。

殘暴的掠奪行為令人驚心。波利比烏斯描述了西元前二〇九年羅馬軍占領西班牙新迦

太基城事件（*Histories* **10.15**）。羅馬軍衝進城牆之際，羅馬將軍西庇阿（Scipio）就遵循羅馬習俗，命令部隊要特別針對平民。命令下達後，他們會把遇到的所有人，不分年齡大小都殺死。波利比烏斯認為，羅馬人遵循這種做法是為了激發敵人的恐懼。他說，羅馬人占領城鎮的結果是，街道上到處都是平民的屍體，甚至還有狗被切砍兩半，動物被肢解。等到新迦太基領導人投降，西庇阿就下令停止殺戮，開始洗劫，所有掠奪而來的戰利品都集中在市場上，等待將軍按照合適的方式分贓。

儘管方式嚴苛，但羅馬車仍盡量遵循規則。波利比烏斯說得很清楚，即使掠奪極度殘暴，仍有嚴格的限制。他說：「有一點是，奪取並摧毀敵人的堡壘、港口、城鎮、人員、船隻、農作等，剝奪了這些資源，敵人就會被削弱。」這樣的行動是戰時生活的實際呈現。他繼續說道：「但是，對神廟、雕像等所有如是物件的肆意破壞，絕對不會為戰爭帶來任何優勢的前景，只能解釋為瘋狂的心靈在憤怒高峰期的作為」（*Histories* **5.11.3**）。只有暴君才會想要透過恐怖使自己成為主人，但這樣做將使人民憎恨他們。如果一位征服者想要人民自願被統治，必須透過仁慈和博愛的行為來獲得。

想要理解羅馬的暴行，不妨這樣想，這是他們慣常處理被擊敗敵人的一部分方式。他們是經過仔細評估才做出殘暴行為，反映出的是對羅馬侵略所展現的抵抗程度。這有助於鼓勵其他城市和平投降，以期能獲得更有利的對待。

在二世紀一本小說《衣索比亞故事》（*The Aethiopian Story*）中，一個有趣的虛構例子說，北非施勒尼（Cyrene）小鎮，被一支衣索比亞軍圍困時，居民們知道抵抗無用，於是決定集體出城，央求衣索比亞軍憐憫他們。他們打開城門，列隊走出，前方拿著樹枝作為懇求的象徵，同時攜帶神明圖畫以求庇護。他們走到衣索比亞軍前面，跪下來懇求憐憫，然後集體發出悲慘的哀號。為了激發更大的同情，他們讓幼兒列在最前面哭嚎，激發敵軍的同情憐憫。這不是真實的故事，與羅馬軍隊也無關，但卻是在羅馬帝國寫成，可使我們極好地認識到一個被圍攻城市中人民的集體思維。這是一個生死攸關的決定，究竟是要冒險堅持下去？還是任由攻擊者決定是否願意憐憫敵人？

當反對者做出最強烈的抵抗，例如猶太人在西元六七至七〇年間，備受侵略，連神明都被丟棄。羅馬人取出耶路撒冷聖殿中的聖物，帶回羅馬，並舉行戰勝猶太的慶祝。從現代的觀點來看，勝利是對戰爭罪行的慶祝，結果是處決戰敗的敵方領導人。李維記述一個卡普阿（Capua）叛亂者拒絕向羅馬投降時所說的話：「我不會被鎖鏈套著在羅馬城中作為勝利凱旋的展示，我寧可在監獄中咽下最後一口氣，或是被綁在木樁上，用鞭子把我的背打得皮開肉綻，把我的脖子送到羅馬斧頭前」。他沒有選擇面對這樣的命運，而是自殺（*History of Rome* **26.13**）。但是從羅馬的觀點來看，凱旋儀式是羅馬展現戰勝規模的一種手段，是實現與公民個體溝通的方式，並且透過斬首被征服者，象徵性地取代政治領導。

羅馬戰勝時，羅馬人會隨心所欲。儘管如此，他們仍明確知道報復的適當程度。恐怖和仁慈代表一體兩面，目的是用於打擊敵人的精神，威懾可能的侵略者，同時也激發被征服者的整體忠誠度。把羅馬人歸類為無情殘暴或出乎意料的仁慈都是錯誤的。重點在於因時制宜，並非隨機。相反地，它所施行的暴力，是對所有敵人預設的報應，而且是經過仔細調整所得到的後果。

戰爭修辭學

警覺性較高的讀者，應已發現前面提到的大部分例子都來自共和國時期，部分是因為這些剛好是最適當的例子，而且像所有歷史學家一樣，我有一個故事要講。共和國時期，亦為羅馬迅速擴張成為帝國的時期，當時常有外患。到了帝國時期，對外戰爭次數則顯著下降（儘管在蠻族捲土重來後，帝國晚期的戰爭次數再次上升）。

我認為，羅馬人有了皇帝後，對戰爭如何進行的道德立場並無太大改變。上述許多文字都來自李維的歷史，這些文字撰寫於奧古斯都時期，呈現出羅馬態度的連續性。一個顯著變化的因素是，許多戰爭都屬於內戰，是爭奪王位的競爭對手互相攻擊，但即便如此，這種情況也相對罕見。現實情況是，無論羅馬社會如何軍國主義化，到了皇帝時期，絕大多數人

民的一生，都不曾親身經歷軍事衝突的恐怖。這是事實，羅馬共約六千萬人口，其中軍人有四十萬名（遠低於1%），這點不管是對積極參與戰爭的士兵還是遭受侵略者毒手的平民來說，都是一樣的。

人們常說，真相是戰爭的第一個受害者，但在羅馬，事實卻恰恰相反。正是和平導致發明了各種用來描述戰爭的修辭。最好的例子或許是塔西佗關於義大利北部克雷莫納（Cremona）攻擊的描述，此事件發生於西元六八至六九年內戰中，維斯帕先當時圍攻維特利烏斯（Vitellius）位於此地的軍隊。四萬名武裝部隊衝進鎮上，渴望縱情於殘暴。無關乎社會地位和年齡，人民受到無差別攻擊，死的死，傷的傷。老人不分男女都受盡折磨，每當有年輕女子或英俊少年落入羅馬士兵手中，他們就會被暴力撕成碎片。有些士兵設法從神廟中取走黃金，有些則凌虐富裕的公民，想要找出藏寶地。最後他們放火燒了整座城鎮（*Histories* **3.33-4**）。在塔西佗的描述中，明確顯示侵略會破壞一切文明。我們得到的是一個反烏托邦的圖像，由慾望和殘酷取代理性，褻瀆取代崇敬神明，犯罪亦成為新法律。塔西佗所描繪的道德教訓很清楚——這就是皇帝時期會發生的事。當權力落在單一個人身上，便不再有好政府，最嚴重的暴行就在身邊。

儘管現代人相對來說較少這種痛苦，但被侵略城市的圖像，持續迴盪在人們對羅馬的想像中，並以特洛伊的隕落為最初的範本。就像一部古代災難電影，充滿了我們想像得到最

糟糕的事物，人民失去了一切，包括居所、家族、地位和安全。人們對這種圖像的流行和熟悉程度，代表作家必須努力寫作，以使文章的描述新鮮刺激。歷史學家薩魯斯特（Sallust）曾描述尤利烏斯・凱撒的一場演說，他抱怨政治家在講述戰爭恐怖時，無趣的陳腔濫調，凱撒說：「被征服者的悲慘遭遇，對少女和男孩的性侵，從父母懷抱中強奪幼兒，婦女服從勝利者的任何意願，神廟和家園遭受掠奪，血流成河，大火沖天。簡言之，屍橫遍野，悲痛無期」（*On the Catiline War* **51.9**）。這景況多麼黑暗。因此，作家透過添加各種血腥細節，努力激發他們文章的可讀性。一世紀雄辯家坤體良在《辯學通論》（*Institutes of Oratory*）中，解釋了實現此目標的最佳方式。你不能簡單只寫「城市被侵略」，因為無法「挑動情緒」，相反地，作者應該多描述戲劇性的場面，諸如大火焚燒屋舍和神廟，人們驚恐竄逃，有些人緊緊抓住親人做最後的擁抱，婦女和兒童發出尖叫聲，侵略者行徑瘋狂，俘虜變賣為奴隸，母親想盡辦法護著孩子（***8.3.67-70***）。但細節是否真實並不重要，坤體良說，當作家撰寫一座城鎮隕落，想像通常會發生的事、創造圖像，是完全合理的——人們完全可接受假新聞。

這種對屠殺細節的狂熱，部分反映了羅馬社會核心的軍國主義，畢竟他們喜歡觀看角鬥士戰鬥至死或罪犯接受獸刑的懲罰，亦如坤體良所說的，這樣會「挑動情緒」。羅馬人能夠也實際憐憫過戰時人們所遭遇的可怕命運，但需要超過標準才能喚起他們的同情心。塔西

佗的紀錄提供了進一步的證據，顯示沒有人想要買被捕的克雷莫納公民當作奴隸。塔西佗說：「所有義大利人都厭惡購買像這樣的奴隸」。為了回應大眾這種強烈的憤慨，維斯帕先立法，規定不可使克雷莫納公民俘虜為奴。

如果大多數羅馬人都很幸運，沒有經驗過克雷莫納發生的事，我們可能會問，為什麼羅馬人仍對侵略城市的描述如此感興趣？一個解釋是，這種情況是個人所可能面臨的最大壓力，由此可見他們真正的道德特性。另一個解釋是，羅馬社會的非軍事化，會引起人民擔憂原本使羅馬變得偉大的英勇力量是否正在失去。例如，塔西佗指出，侵略克雷莫納的軍隊不再是由羅馬人組成。他抱怨，激情就像語言和文化習俗，由於羅馬軍變成是由公民、盟友和外國人組成，士兵內心神聖崇高的事物也都變得不同。因此，罪行不會被認為是非法的。大量外人稀釋了羅馬的身分，所以在義大利城市看見這種道德暴行並不令人奇怪。尼祿被暗殺後，接下來是稱為四帝之年的內戰，這段時間，高層個人的作為都是為了贏得王位，至少對塔西佗來說，這顯示出帝國系統核心的不道德。

內戰罪

克雷莫納的命運提醒我們，並非所有戰爭都是為了對抗外部敵人，羅馬人也會面臨內

部敵人的挑戰。當然，羅馬國家將這些人歸類為叛徒，被逮捕的人都要面臨最嚴厲的懲罰。這樣的情況顯示，許多生活在羅馬帝國的人並不接受其命令，或雖生活帝國境內，卻自外於法律。

這種行為最極端的例子是公開反叛，卡加庫斯提出幾個抗爭者的動機。在高盧叛亂中，叛亂領導者激憤陳情，對於長期徵稅、負債、羅馬統治者的暴行和傲慢態度發表了熱烈的演說（Tacitus *Annals* **3.40**）。叛亂往往爆發於剛被征服不久的省份中。畢竟人民仍記得自由的滋味，而羅馬的枷鎖沉重。叛亂爆發時，叛亂分子通常對羅馬人毫不留情。在新征服的不列顛，布狄卡（Boudicca）女王和追隨者屠殺了科爾切斯特、倫敦和聖奧爾本斯等地的羅馬軍及其家族。但這種叛亂在帝國時期相對較少，特別是羅馬人世代掌權的省份。正是羅馬自己的軍隊提供了穩定的敵人來源。

羅馬軍隊本身便是罪行的儲藏庫。我們已看到許多羅馬軍被告越權，迫使人民繳交物品或服務。軍隊也不時出現逃亡者，他們逃到荒野，過土匪生活。羅馬帝國有大片土地遠在城市中心範圍以外，例如半沙漠地區、沼澤地和森林，這些地區形成一個安全的避風港，政府力所不及。有些新加入羅馬軍的人討厭服役，例如有條法律就是關於逃避軍役而切斷自己拇指的人（轉做文書工作，以防止為了逃役而切手指的行為）（*Theodosian Code* ***7.13.4-5***）。如果這些人寧願潛伏在樹林沼澤中，以搶劫經過的旅行者維生，表示他們真的很討厭

服役。對於這些從前是軍人的盜匪，政府發布了各種法律來對抗，可見其滋擾程度。逃兵會犯下諸如竊盜、綁架、暴力襲擊或偷牛等罪（*Digest* **49.16.5**）。晚上殺死非法侵入的士兵是合法的，更遑論殺死逃兵。但要提醒你，想要確認逃兵並不容易，因為他們可能會聲稱自己被蠻族抓住，好不容易才逃回帝國。法律就如何判斷逃兵是否說實話，提供了指導，建議應同時將他們從前的軍事紀錄納入考量。如果嫌疑人被認為是好士兵，應該要相信他們的說詞；但如果他們在服役時總是怠忽職守，就不應該相信。

內戰產生了大量的犯罪行為，包括將軍的叛亂、不忠行為，同時，無論哪一方失敗，許多敗退的士兵會都逃入鄉村，過著盜匪的生活。雄辯家利班紐斯說，四世紀篡位者馬格內蒂斯（Magnentius）奪權失敗後，敗北的士兵被迫成為盜匪，以攻擊公路旅行者維生。皇帝朱利安曾設法將這些逃兵整合為一支軍隊（*Oration* **18.104**）。一些叛亂是因野心過度膨脹的將軍想要爭奪權力，部隊同意支持，認為如果成功將能得到豐厚的報酬，其他只是一般動亂。塔西佗講述了四帝之年間皇帝奧托（Otho）時期的叛變，一些參與的士兵喝醉了，渾然不覺政治環境的變化，有些人則認為這是一個搶劫的好機會，其餘大多數人只是很高興能有新的冒險（*Histories* **1.80**）。

其中一些盜匪還形成高度組織化的團體。年輕的凱撒在希臘外海被海盜俘虜，普魯塔克（Plutarch）敘述這些海盜具有大量武器和無數小型船隻，可控制海洋。凱撒在故事中最

後被贖身釋放，但隨即帶兵捕捉海盜，並將海盜全部釘在十字架上。總體來說，共和國晚期，地中海的海盜特別猖獗。狄奧對龐培大王（Pompey the Great）鎮壓海盜的描述，顯示其威脅的嚴重程度（***36.20***）。海盜的航行不再是小部隊規模，而是大型艦隊，由總指揮率領，搶劫、掠奪在海上航行的人，甚至冬季也一樣。龐培成功壓制了海盜，但狄奧明確表示，這只是特殊時期。他說，海盜和強盜一樣，永遠都會存在，但通常威脅程度不至於會需要國家出手干預。即使在帝國統治下，海洋上的海盜也從未完全消失。

布拉．費利克斯（Bulla Felix）可能是羅馬世界有史以來最偉大的強盜。他的團隊有六百人，於西元三世紀初在義大利活動，塞維魯（Septimius Severus）是當時的皇帝（Dio *Roman History* ***77.10***）。布拉名字的意思是「幸運魔法」，所以他當然過著魔法般的生活。約於二〇五至二〇七年，儘管布拉被許多羅馬軍追捕，仍成功逃脫。就像一些古代超級英雄，狄奧說他「只聞其聲不見其人，來無影去無蹤，眼看被捕卻又逃脫」。布拉是個海盜，但身負使命，行為公平公正，不會殺死受害者，僅拿取一部分財物然後放人。他的團隊幾乎是建立在社會主義上，根據人們的需求來分配獲取的金錢。如果受害者是工匠，會被拘留一段時間為他們工作，但事後會給予慷慨的報酬。

這個羅賓漢般的角色極度聰明，會利用間諜選擇搶劫對象、尋找來往羅馬和布林迪西港（Brindisium）的肥羊。他身邊都是聰明人，例如帝國自由民，他們比一般從前是奴隸的

人受過更多教育。團隊中還包括受虐的逃亡奴隸，因此他們可能也對社會正義具有和布拉一樣的熱情。對步調遲緩的羅馬政權來說，他太聰明了。有一次，他有兩個隊員被捕，眼見即將施以獸刑，布拉假扮當地總督闖入監獄，宣稱要挑一些囚犯去做苦工，於是救走了隊員。事後布拉還跑去找負責追捕的百夫長，假裝自己是別人，聲稱會幫忙找到布拉，卻把百夫長逮回他的營地，對他嘲諷羅馬不公正的法律制度。布拉穿上裁判官的衣服，設立一個假公堂，召喚百夫長，下令剃掉他部分頭髮，假裝他是個普通罪犯，然後說：「如果你不想讓奴隸變成盜匪，請好好照顧他們！」

塞維魯皇帝因未能擊垮布拉而困窘，便派了一位軍事護民官去抓他，若沒達成任務，護民官將受到最嚴重的刑罰。最後，布拉被捕是因為一名與他有私情的女人向當局告發。布拉被帶到總督面前，再次展現他不屈不撓的精神。問他為什麼當強盜，他傲慢地回答：「你為什麼當總督？」他被扔到競技場上被野獸撕咬而死，這就是布拉和他快樂團隊的結局。

該如何評論這件事？值得注意的是，狄奧是一位元老，他的歷史是為上流社會的讀者而寫，他沒有任何理由去擁護盜匪或大眾正義。他還想達到什麼目的？狄奧將布拉的耀眼與皇帝缺乏能力形成鮮明對比。儘管布拉的大膽榜樣激勵了追隨者，但塞維魯皇帝只能以嚴厲的懲罰來威脅繼承遺志的追隨者。強盜團體的組織完善，紀律分明，忠於領導者，就像羅馬國家應有的模樣，其中還有六百名具有重要意義的人物，這個數字對於狄奧的讀者群來說不

陌生，他們知道羅馬元老的人數也是如此。布拉是一位懂得管理「元老」組織的領導者，對所有人寬宏大量，並贏得他們的忠誠。他的統治是公平的，只拿取他覺得公平的金錢，用人唯才。所有一切都與塞維魯所統治的羅馬形成鮮明對比，人民稅賦沉重，用人唯親。狄奧宣稱，皇帝臨終前對兒子說：「讓軍隊致富，其他所有人都不重要」。這就是塞維魯統治的意義——軍事獨裁，沒想過要組個好政府。然後出來了一個叫布拉的人，「布拉」原意是指孩子戴在脖子上的平安符，平安符可以保護佩戴者的安全。相較之下，塞維魯只帶來了戰爭和暴力。每個羅馬皇帝的名字裡面都有「菲利克斯」，強調將帶給羅馬國家及人民幸福快樂、好運，然而，實現幸福快樂的卻是一個叛徒，不是政府官方。

狄奧當時所寫的，無異是一份指控塞維魯為土匪皇帝的訴狀。布拉在最後一幕中要求知道手握重權的總督該做什麼，可謂是亞歷山大大帝一個著名故事的變形版本，故事中的偉大將軍問一個被捕的海盜，他為何要在海上燒殺擄虐，男子回答：「我在海上燒殺擄虐的原因，就像你對世界燒殺擄虐的原因一樣。我做這件事是用一條小船，我被稱為強盜；你是用一支龐大的艦隊，你被稱為皇帝」（Cicero *On The Republic* ***3.24***）。這也說明了，在魅力十足的領袖被處決後，布拉的團隊也跟著崩解。正如狄奧所說：「所有六百人的力量都在他身上，相較之下，塞維魯所倚賴的力量則來自他所壯大的軍隊」。

布拉真的存在嗎？真相的核心很可能就在他故事的根源，但對狄奧來說，這個故事卻

成為他文采的載體，寫作是為了咒罵皇帝。文字的微妙，不至於使狄奧陷入麻煩，但元老院的讀者卻很清楚真正的含義。

我們並不清楚強盜是否真受一般人歡迎。古代強盜的故事確實常用不公義、貧窮和腐敗等流行主題，來表達對政府治理無能的不滿。如果我們相信狄奧所說，當地人確實與布拉有同樣的想法，但武裝匪徒的目標和行為通常遠不如布拉．菲利克斯高尚。《聖經》故事中的好撒瑪利亞人，停下來幫助一個遭到強盜襲擊受傷的人，強調了這些襲擊的普遍現象，同時也呈現旅行者獲得幫助的情形很罕見，大多數人會繞到另一邊通過。布拉是個很好的故事，但大多數人或許討厭這些危險的不法分子，會很高興看到他們在競賽中被撕成碎片。

我們還可從四世紀阿米阿努斯的歷史中一個殘忍的強盜故事（*Histories* **28.2.11**），看到更接近現實的一幕。這個故事說的是一大群強盜如何占領了敘利亞一個村莊，並以該村為基地來攻打周圍地區。他們非常狡猾，打扮得像老實的商人和士兵，四處遊蕩。想要辨認強盜並不容易，想像中，他們似乎都戴著插上羽毛的綠帽，但其實他們都打扮成人們容易接納的旅行者。這種詭計讓他們可以不受限制地到處行動，襲擊有錢人的莊園，甚至城鎮裡的房產。他們的攻擊行動是隨機的，這樣政府便無法找到任何模式。他們殺害了數十人，似乎樂在其中，阿米阿努斯描述他們為「貪求血腥更勝財寶」。他們像布拉一樣裝作是大官，打扮成羅馬司和隨從的模樣，去襲擊了一位著名公民城裡的住宅，搶走金銀財寶，還殺死家裡許

多人。

最後政府派了一支軍隊去對付他們，這回輪到這幫強盜被屠殺。不僅強盜被殺得片甲不留，為防止他們的後代步上父親的後塵，連孩童也不放過，還拆了他們用不義之財所建造的奢華房舍。有如狄奧的布拉故事所誇大的溫和寬容一樣，這些強盜的暴力故事也可能過度渲染，但它確實讓人感受到，現實中強盜的野蠻行為如何影響了城市和鄉村中的一般人民。也和布拉的故事一樣，指出強盜要在造成重大威脅之後，皇帝才會派遣軍隊前去剿滅。這些故事都具有特殊情節，我們無法藉此得知當時盜匪的真實狀況。但少數逃脫奴隸或逃兵所進行的小規模、小團體襲擊，似乎很容易逃過官方雷達的偵測。

我們還發現，第三世紀時期盜匪活動似乎更加頻繁，原因可能是帝國此時正遭受大規模入侵。政治不穩定是由於皇帝的軍事地位減弱，經常有反叛的將軍企圖奪取政權。這些內戰本身增加了戰敗士兵的人數，這些人轉而尋找替代性的非法謀生手段。於是一個神祕團體「巴高迪」（Bagaudae）誕生了。這些強盜盤據在高盧西北部的偏遠地區，也許是最接近真實版本的阿斯特（Asterix）*和朋友的故事。一份四世紀的文獻中，維克多（Aurelius Victor）將他們描述為一群鄉下土匪，不僅破壞遠近的莊園，還控制許多小城（*On the*

*Asterix 為現代著名法國漫畫的人物。

Emperor ***39.17***）。這代表他們並非一般的小鎮土匪，他們的領導人甚至還有官方硬幣鑄造圖像和官宣，給人強烈的印象。

在皇帝戴克里先和繼任者重掌中央帝國政權之後，巴高迪在四世紀時消失，但當西方帝國在五世紀開始崩潰，巴高迪又再度出現。一份五世紀的劇本《抱怨者》（*The Complainer*），以西元前二世紀劇作家普勞圖斯（Plautus）的風格寫成（這表示一些受高等教育者在文化上有多保守），使巴高迪聽來像是一群嬉皮中輟生。劇本說，盧瓦爾河附近的居民依照自然法則生活：「那裡沒有欺騙。判決寫在骨頭上，在一棵橡樹下進行宣讀。在那裡，甚至鄉下人也會提出訴訟，由普通公民宣讀判決。在那裡，一切都得到允許」。這無疑顯示，人民認為這些團體生活在帝國威權範圍以外，卻嘗試想要在帝國境內建立一個更公正的社會。另一方面，這是一齣喜劇，是由基督教作家薩爾維安（Salvian）在五世紀時寫成，描繪了截然不同的強盜活動畫面。他說，這些人因為羅馬官員的貪汙腐敗而被迫逃亡——官員會從當地人身上壓榨出任何能壓榨的東西。巴高迪或許被稱為罪犯，但卻是被迫犯罪。薩爾維亞認為，羅馬帝國才是真正的強盜（*On the Government of God* ***5.5-6***）。

我們可能永遠無法釐清巴高迪的意圖。但清楚的是，它們變得非常強大，不僅出現在文獻中，帝國也組織軍事武力來對付高迪。強盜是羅馬帝國深入各省的指數，中心權力愈衰弱，偏遠地區愈加呈現真空狀態，替代性的領導者填補了這片空白。盜匪現象也顯示，羅馬

政府最關心的是足以威脅其穩定和集權的強大軍事力量。公平地說，這才是對一般人來說最重要的。在羅馬控制地中海之前，世界上經常發生古代戰爭造成的恐怖事件。羅馬帝國在很大程度上長期為大多數居民消弭了這種威脅。

然而，當進入帝國晚期，我們發現中央集權受到嚴重挑戰。羅馬在四一〇年被哥德人侵略，八百年來從未發生過此種事件，我們很難理解這有多麼令人震驚。對當時的羅馬人來說，被侵略的經驗就像《大憲章》之於英國人一樣遙遠。接下來我們就要來認識這個時期。

A Reformed Character? Crime and the Christian Empire

第 8 章｜品德改革？罪行與基督徒皇帝

走向帝國晚期

西元三五七年四月二十八日，基督教皇帝君士坦提烏斯二世贏得勝利，列隊光榮遊行進入羅馬城，慶祝打敗篡位者馬格內蒂斯。這是皇帝第一次造訪永恆之城。君士坦提烏斯的父親君士坦丁大帝，在三三〇年將首都搬到新城君士坦丁堡，專門設計為基督風貌，並謙遜地以自己的名字命名。儘管羅馬不再是政府所在地，但依然是帝國的象徵中心。在著名的描述中，當代歷史學家阿米阿努斯對皇帝進入羅馬城加以嘲弄（*Histories* **16.10**）。儘管皇帝從未征服過外敵，他仍希望以最盛大的方式慶祝自己打敗羅馬同胞的勝利。皇帝在隨從、士兵和裝甲騎兵的擁護下，一群人浩浩蕩蕩，手

持金色橫幅（上面繡有紫線編織的龍），而皇帝獨自坐著一輛鑲滿璀璨寶石的金色大轎。阿米阿努斯評論說，召集的部隊之大，看來更適合軍事行動而非遊行慶祝。在人群的歡呼中，皇帝像座雕像般一動不動地坐著，脖子好像被板子夾著，儘管他很矮，但當穿過一座大門，還向前傾身，模樣神氣隆重，完全沒有吐痰或揉鼻子。

君士坦丁凱旋抵達羅馬，突顯了羅馬帝國晚期發生的一些主要情勢，對犯罪及其認知產生了重大影響。最重要的是，帝國改信了基督教。我要在探討這些變化對羅馬犯罪的影響之前，快速概述這些變化是如何發生的。改信一種傳播溫柔寬恕的宗教，是否表示帝國開啟了新的一頁？正如羅慕路斯為殺死弟弟而哭泣，羅馬帝國後來是否設法遠離其犯罪的過往？

英國歷史學家愛德華．吉朋將第二世紀的羅馬帝國描繪為人類史上最幸福繁榮的時期，也是帝國面臨重大外部威脅的時期。其時，藝術蓬勃發展，優秀的皇帝接續統治，每一位都善盡職責。但是在第三世紀，帝國面臨日耳曼部落一連串的侵襲，同時東方也有再度復興的波斯帝國侵襲。加總在一起，對羅馬軍隊而言，威脅太大，皇帝也難憑一己之力戰勝敵人。軍事失敗帶來了政治上的不安定，加上許多反叛者紛紛前來奪取王位，導致內戰頻繁。

從二八四到三〇五年，在戴克里先皇帝的統治下，政局恢復了安定。由於認識到羅馬政府不再符合人民所預期，他從頭開始導入一系列改革，結果顯然大功告成，因為他最後能在斯普利特宮殿中安享天年，據說他每天照料甘藍菜，直到三一一年去世。戴克里先擴大軍

隊規模約50%，改善了帝國的防禦。為提高稅收，他建立了一個更強大的政府，向帝國居民徵稅。因此官方機構激增，省府數量幾乎增為三倍。中央政府保留有詳細紀錄，一式兩份，並收取服務費，成為第一個泛歐超級大國。

戴克里先也認識到，羅馬城不再是帝國最有力的戰略位置，他需要更靠近邊界，因此大部分時間，他都待在尼科米迪亞（Nicomedia，位於現在土耳其）。他新的宮庭風格與第一位皇帝奧古斯都完全不同。一如羅馬政府組織變得更大、更令人畏懼，皇帝的形象也跟著改變。從前奧古斯都稱人民為「*princeps*」，意思是「第一公民」，現在人民則不得不稱戴克里先為「*dominus*」，意思是「主人」，這是奴隸用來稱呼自己主人的同一個詞。皇帝改變了自己的服飾，變得更加華麗，斗篷是全紫色，皇冠鑲嵌寶石。人民謁見皇帝時，規定要跪拜，像跪拜一個神。皇帝變成坐在一個偉大的政府機器頂端，像巨人一般龐大。

我們從閱讀一些法律的前言，大致可得到這種新型態政府的一些概念。如果各位拜讀過戴克里先所頒布的詔書《限制最高價格法》（*Edict on Maximum Prices*，這是他於三〇一年為防止通貨膨脹失控的失敗政策），我們將能諒解你何以誤以為晚期的羅馬帝國是個天堂，而不知道在一個世代之前，這做法就已接近徹底失敗。

> 我們必須對國家的財富抱以感恩，有如感恩不朽的神明，感恩一個安祥的世界，

> 感恩倚靠在最平靜的懷抱中，以及感恩我們付出巨大努力所獲得的和平祝福……因此，我們在神明慈悲的眷顧下，助我們排除野蠻國家的蹂躪，消滅這些國家。為我們所建立的不朽和平，必須圍繞以必要的正義防禦。

這個造神的形象產生了許多問題，其一是，這個時期的人民談到皇帝時必須比從前更加小心，阿諛奉承成為基本要求，這意謂著，我們現在所獲得的證據其實與現實情況相差甚遠。

皇帝戴克里先為使帝國恢復元氣，重申傳統道德，將矛頭指向激進的宗教團體。在他看來，這些團體的新奇信仰冒犯了神明。西元三〇三年起，他頒布一系列法令，禁止基督教崇拜，並下令燒毀經文，剝奪基督徒各種合法權利，規定帝國所有公民必須獻祭神明，否則處死。這些立法的有效性很難說，帝國有些地方的執行嚴格程度更勝於其他地方。如果基督徒想要避免遭受迫害，相對來說其實很簡單，只要離開家鄉躲起來即可，或是可假裝成已經完成祭祀，取得假證明。實際遭受處決的人數並不多，僅有數百人，但還有許多人遭受司法酷刑的折磨。

在某些方面，將不被接受的宗教活動定為犯罪並不新奇。國家一旦出現重大問題，結果往往是尋找代罪羔羊。我們看過尼祿如何利用燒死基督徒來回應六四年的羅馬大火。西元

二五〇年，面對蠻族的入侵，皇帝德西烏斯（Decius）強迫人們對傳統的羅馬眾神獻祭。戴克里先皇帝的不同之處在於擴大迫害範圍，企圖以前所未有的方式，主張整個帝國的威權。

若說戴克里先的改革成功改變了羅馬政府，他的宗教政策則失敗了。帝國需要一種新的宗教表達形式，以反映更為集權、全能的形象，並迎合人們對於「更具道德智慧的宗教信仰」日益增長的需求。在這種背景下，戴克里先的繼任者——君士坦丁有個願景。米里維安橋戰役，鞏固了君士坦丁作為帝國西半部統治者的地位，他在開戰前看見太陽上方出現一道光，映現著「以這個符號來得勝」，結果他皈依了基督教。羅馬帝國並沒有在一夜之間改信基督教，但世界上最有權勢的人擁護基督教，表示也會引起許多人的注意，從傳統的神明信仰改宗。教會藉由奉獻和遺產變得富裕，到四世紀末甚至更早，基督教已成為羅馬帝國大多數人的宗教。耶穌在世界上復活。

基督徒和犯罪

羅馬帝國這兩種深度變化（戴克里先的超級國家政府及其基督化），對犯罪經驗和處理方式有多大的影響？

基督傳教的核心是「罪」。《舊約》誡律談的是錯誤行為，如偷竊、謀殺、通姦、褻

瀆、貪圖別人的財產、做偽證等，至於基督徒是否確實實踐誡律、循規蹈矩，則是另當別論。有個故事是關於日後的教宗卡里圖斯（Callistus，約二一七～二二二年擔任教宗），他一開始是個奴隸，但這個故事是由敵人所講述，閱讀時要注意。卡里圖斯的主人是皇帝的朋友，他命令卡里圖斯到羅馬的公共魚市做借貸生意。不久，由於背後的財力有皇帝的背書，許多基督徒都去他那裡存入大筆款項。但卡里圖斯私下把錢都花光了，讓自己陷入可怕的困境。當主人要求檢查他的帳戶，他非常害怕，設法逃跑，卻被主人逮捕，送去磨坊做苦工。故事結尾，騙子奴隸搖身一變，成為教會行政人員，最後升為教宗。

我們在宗教會議發布的指導文件中，發現許多平淡無奇的證據，顯示基督徒的行為與異教徒先人的行為並無不同。在第四世紀初教會所舉行的艾維拉宗教會議（Council of Elvira），討論的是在盛怒下毆打奴隸致死的婦女。如果奴隸經鞭打三天內死亡，婦女將被禁止上教堂。若婦女並無殺死奴隸的企圖，五年後可重返教會，若有則為七年。

我們永遠不會知道，基督信仰是否與實際行為的改善有關。但基督教國家的出現，是否政府會變得更溫和、更公正？皇帝們自己的確認為如此。皇帝的敕令經常提到全能基督上帝的支持，正如《查士丁尼法典》有一條說：「我們盡一切努力保護臣民，免於所有傷害和誹謗，這是上帝交託給我們治理的臣民」（*New Constitutions 85*）。

教會贊同帝國與基督教之間的這種聯繫，因此皇帝被視為上帝的左右手，在地上相當

於耶穌，確保帝國能夠促進基督教的宣揚，實現上帝的願望。然而，晚期帝國對犯罪的許多態度，在在顯示出與從前的做法有顯著的連續性。

例如，對奴隸的態度似乎一點都沒有改變。基督教佈道常設定奴隸在道德上不如自由人（例如，撒維安《上帝的治理》Salvian *The Governance of God 4.3*）。西元一世紀，當一個逃亡的奴隸轉向他尋求幫助，使徒保羅非常注意不要違反羅馬法律。他把奴隸送回原主腓利門，請求他不要對奴隸過於嚴厲。但正如艾維拉宗教會議教令所顯示的，基督徒主人很可能會忽略這種規定。法院對奴隸的懲罰有部分改善——禁止釘十字架——原因很明顯。君士坦丁還通過法律，禁止奴販拆散奴隸家庭，也禁止主人以女奴為妓女（*Theodosian Code 2.25; 15.8*）。這條法律反映了基督徒特別重視身體做為道德的場域，表示主人對奴隸的性行為具有從前羅馬人所沒有的重要意義。在過去，奴隸逃走若被抓回，會在他們臉上烙印，這樣一來，再度逃跑很容易就會被發現，現在則是禁止烙印，因為臉孔是按照上帝的形象創造的，因此神聖不可侵犯，改成在腿或腳上烙印。

一個重要的發展是，羅馬政府承認了教會的管轄權。早期基督徒發生糾紛時，經常選擇找主教解決，不會上羅馬法庭，但教會法院的裁決無法被執行。君士坦丁制訂了羅馬法律，強制執行主教的判決，這使得主教們獲得了無與倫比的權威，高度提升了形象。在不斷發展的基督徒團體中，主教們成為有力的領袖，不過有個負面影響，聖安博洛斯主教（St.

Ambrose）抱怨生活中充滿了養羊糾紛等瑣事的聽證會。

有一種重大轉變是對窮人的態度。耶穌的貧窮以及祂對金錢物質的態度，顯示基督徒會關心社會經濟階級底層的人，這是羅馬異教徒所沒有的。皇帝和主教都塑造自己為「愛窮人」的形象，或正如一條法律所說的，「我們人道規範的一個特徵，就是要照顧窮困者的利益，並確保窮人不會沒有食物」（*Justinian Code* **1.2.12.2**）。羅馬政府一直有將糧食和公共娛樂等形式，當作禮物贈送給公民，但未曾考量過受贈者的財富。帝國晚期是否確實增加對窮人的支出，這很難說，可能只是言語修辭方面的轉變，至少是將窮人視為社會問題。我們的確看見了人們對遊蕩街頭的乞丐等，態度變得較溫和、能夠理解。如果有人為前途來到羅馬城找工作，卻流落街頭，甚至開始犯罪，這些人並不會直接受到懲罰，相反地，法律規定官員應該要對他們進行身體檢查，如果他們無法工作，應施以人道照顧。如果他們身體健康，能夠工作，官員應將他們送回家鄉，回去工作。如果他們是在羅馬城出生的乞丐，應參與公共工作，如果拒絕，出於寬容，他們只會被趕出羅馬城，不會受到懲罰（Justinian *New Constitutions* **80.4**）。

我們發現，當時也同樣強調公共道德的重要性。所有神職人員都禁止賭博玩骰子，而且更重視改革腐敗嚴重的公家機關。四世紀末，狄奧多西皇帝在短暫拜訪羅馬城時，便順勢廢除了羅馬最惡名昭彰的兩件事。第一是製作麵包分發給人民的大型麵包坊，原由某些不知

名的腐敗官員所經營，還同時在麵包坊旁設置酒吧，甚至養妓。來酒吧買醉的顧客，尤其是那些沒有人記得的陌生人，會被抓到麵包坊裡被迫無償工作，不能外出。皇帝的一名士兵曾被抓進麵包坊，並想要設法逃走，因此皇帝得知此事後便關閉麵包坊。在另一項改革中，皇帝也下令禁止強迫婦女賣春。原本婦女若被判通姦罪，需被罰在骯髒的妓院賣春，每當接了一個顧客，小鈴鐺就會響，增加公開羞辱的程度。這位基督教皇帝的做法，是在清理犯罪叢生的舊都羅馬（Socrates Scholasticus *Church History* ***5.18***）。

基督教皇帝當然會對性犯罪有不同的態度。基督徒強調貞潔在道德上的重要性，這代表執行通姦法有時會過度。非基督徒歷史學家阿米阿努斯有些困惑地描述了其中一些糾結。四世紀時，在皇帝瓦倫提尼安（Valentinian）的統治下，許多貴族婦女因被控通姦而遭受處決。其中一名女子芙拉維亞（Flaviana）在處死前被執刑獄卒剝光衣服，後來獄卒被判犯下極度可恥的罪行，並活活燒死他（*Histories* ***28.1.28***）。查士丁尼皇帝擴大了通姦法的範圍，規定比從前更多，受害的丈夫可殺死妻子的情人（*New Constitutions* ***117.15***）。妻子也一樣，如果發現丈夫犯了通姦罪或其他各種罪行，從謀殺、煽動到偷牛、企圖下毒，都有更大的權力能與丈夫離婚。（*Justinian Code* ***5.17.8.2***）

一些性犯罪的象徵意義，似乎遠超過實質所可能構成的威脅。五二八年查士丁尼法寫到關於性侵處女、寡婦和修女的規定，認為這些是惡性重大的罪行，即「罪中之罪」，既

害人又冒犯上帝。如果受害者現為奴或曾為奴，罪犯將被處決。如果受害者是自由女性，那麼罪犯所有財產都會轉移給女方的家庭。若有共犯，無論是協助或教唆，將一併受到最嚴厲的懲罰，若為奴則被活活燒死。事實上，這種處置比第一位基督教皇帝君士坦丁所制定的更好，若綁架處女或寡婦，懲罰是將熔化的鉛倒在犯人的喉嚨裡（*Theodosian Code* ***9.24.1.1***）。

對於同性戀，基督教皇帝採取的態度更加敵對。正如一條法律所規定的：「當愛神變成另一種形式……我們命令法律武裝起來，帶上一把復仇之劍」。也就是說，執行的是「一種精緻的懲罰」（*Theodosian Code* ***9.7.3***）。查士丁尼法對所謂的「反自然罪行」表達了最嚴厲的譴責（*New Constitutions* ***141***）。這種譴責奠基於《聖經》所多瑪城的命運，上帝「施以永恆之火的刑罰」，若不懲罰這些「可惡的犯罪，使之罪有應得，接受上帝的懲罰」，每個羅馬人都將冒著遭神明降罪的風險。就像幾世紀前懲罰基督徒，認為他們破壞了「眾神的和平」一樣。

晚期羅馬——超級國家政府與犯罪

擴大的新羅馬帝國，對犯罪有何影響？一位德國學者認為，國家的權力更大，代表整

體犯罪率下降。較小省份的發展、國家官員數量的增加以及軍事和公民角色的分離，都使政府在追查、起訴和懲罰違法者方面更有效率。特別是社會中的暴力犯罪，在基督教道德和國家提高監督的雙重影響下，在所有領域都變得較少了。國家具有更多資源處置可疑的兇手，並且在更富同情心的基督教意識形態推動下，對各種犯罪方式，從搶劫、誹謗到通姦、施魔法，利用監獄來扣押和懲罰變得愈加常見。監獄的利用增加，這也反映了極刑的減少，以便處理更多令人髮指的罪行。

有幾個因素可能導致我們對羅馬帝國晚期這種有點樂觀的犯罪觀點抱持懷疑態度。第一是帝國居民面臨的經濟壓力增加。之前的戴克里先政府規模很小，可能不超過總體經濟的5到6%，政府支出約三分之二用於軍隊。假設經濟保持相同的規模，戴克里先是將稅收提高到經濟產能約7至8%以擴大軍隊和公家機關的影響。按現代標準來看，規模仍小，此兩者約占大多數西方政府經濟的50%。稅收增加2至3%聽起來似乎也不大，但對小國而言，這表示百分比大幅增長，可能超過30%。在現代世界增稅30%，會發生街頭暴動。

我們也可合理預估貧窮的增加。大多數鄉村農民和城市勞工的生活水準可能僅略高於平均值，只能為家人提供基本溫飽，但如果時機困難，由於他們的儲蓄和資源非常有限，便會出現問題。大幅加稅將給這些人帶來沉重打擊，許多人將更接近飢餓線。現代犯罪學顯示，貧窮與某些類型犯罪之間有著密切關係，尤其是竊盜和暴力。就直覺來說，我們可假設

羅馬帝國變成一個更難以維持生計的地方，這會增加犯罪率。

令人遺憾的是，古代文獻資料使我們無法量化整體犯罪率的上升情形，但確實可見暴力明顯增加的一個領域是非法篡位——對可能繼承皇位的競爭對手。例如，第三世紀的危機是，五十年內有五十一人宣告登上王位。這些危機往往集中在某些時期，但總體而言，帝國晚期邊界發生的軍事活動，遠超過前期。西元三七八年，羅馬於哈德里安堡戰役敗北後，更是如此。後來哥德人在帝國邊界定居，但保留了他們的軍事統籌結構，更於四〇六年進一步入侵羅馬帝國，後來各蠻族群體也紛紛以哥德人為榜樣，群起跟隨。

我們還看見中央政府持續失控。由於帝國的注意力集中在這些軍事威脅上，一些偏遠地區得不到支援，只好尋求其他地區性的領導形式，以獲得保護。我們在前面巴高迪的案例中看過這種情形。內戰增加導致有更多戰敗兵卒變成強盜。有一條法律是關於士兵在夜間掠奪田地，並在馬路上伏擊旅行者（*Theodosian Code* ***9.14.2***）。另一條法律則是禁止男子攜帶武器，以避免互相殘殺，同時也禁止製造武器（*New Constitutions* ***85***）。這條法律只是重申從前的做法，還是對街頭攜帶武器增加的必要回應？

在基督教新都君士坦丁堡內的戰車競賽粉絲派系，提供了一個國家缺乏權威的明確跡象。六世紀的歷史學家樸洛柯庇斯（Procopius）對他們日益強大的力量進行了令人膽顫的生動描述。整個帝國因支持者的暴力行為而陷入混亂，「法律和有秩序的體制完全被推翻」

（*Secret History 7*）。

人民長期以來分為兩派，支持藍隊或綠隊。角鬥士搏鬥在四世紀末被禁，到了帝國晚期，競技場的戰車競賽成為流行娛樂的焦點。這種競賽的政治重要性反映在君士坦丁堡競技場的位置——位於皇家宮殿旁，有通道供皇帝直接出入。在一個分裂的社會中，皇帝保持中立可謂明智之舉。但樸洛柯庇斯聲稱，六世紀時，查士丁尼支持藍隊，激起了雙方敵意，達到前所未有的高度，造成藍隊更大膽攻擊綠隊，而綠隊則更感到憤慨，對遭受到的傷害勇於報復。如樸洛柯庇斯說：「受到冒犯的人會變得絕望。」

皇帝支持的效應，就像地震來襲，撼動了這座城市。首先，綠隊一些反叛者改變了髮型。一頭長髮，前額有瀏海，也留了波斯風鬍鬚，此稱為「匈奴」風。接著他們的穿著打扮變得肆無忌憚，在長袍「托加」加上紫色條紋，紫色只有皇帝能用，而且他們的行為舉止還像高官一樣昂首闊步。這些年輕人也穿袖子特殊的長襯衫「托尼卡」，揮動手臂時隨風翻飛，顯現出一種幫派文化的感覺，在外部有著強大敵人威脅下冷靜沉著，並抵制自己政府的權威。

但派系的危險性遠超過時髦穿著的暗示。樸洛柯庇斯說了一件事，這些人在晚上幾乎公開攜帶刀劍。白天，他們在斗篷底下帶著匕首，掛在腿側。黃昏時聚集在一起搶劫有錢人的衣服和珠寶。他們把受害者帶到狹窄小巷裡，然後搶走斗篷、金胸針等所有東西，還殺死

一些人以免他們去通報當局。人人都對這些攻擊忿忿不平，但政府卻不關心，所以後來人民出門便不再攜帶任何有價值的東西，天黑便待在家裡。犯罪分子變得愈加大膽，正如樸洛柯庇斯的解釋：「當犯罪被允許，濫用權力即無限度」。人民逃離這座城市，無論他們從前對戰車競賽是否有興趣，每個人都捲入了內戰。起初，派系只針對敵方，但隨著事態的惡化，開始出現隨機謀殺。許多人趁機利用混亂，賄賂派系來對付自己的敵人，連白天都明目張膽做這些事，甚至是教堂禮拜期間。由於犯罪分子不怕受懲罰，全城沒有人安全。家族成員會被自己的親屬謀殺，所有爭論如今都以暴力來解決。這些幫派甚至為了證明自己的男子氣概而拿刀砍人。

恐怖力量如此巨大，致使法官們不再伸張正義，只根據被告是否屬於藍隊而定罪或無罪釋放，否則法官本人將成為派系的攻擊目標。很多欠綠隊錢的藍隊人都拒絕償債。社會反烏托邦到如此程度，一些人被迫放奴隸自由，甚至有些奴隸開始指揮婦女。孩子們開始強迫父親轉移財產給自己，有些父親甚至被迫將妻子賣給藍隊為妓。有個風姿迷人的女子和丈夫一起搭船時，遇見幾個藍隊，他們便跳上船抓住她，強迫她上他們的小船。女子低聲對丈夫說，不要擔心，她不會任由自己受辱，隨即投入海中，被捲入海浪中消失。這就是君士坦丁堡犯罪幫派的盛行狀況。

我們思考樸洛柯庇斯是否確為可靠證人時，應該記住，他所作的《秘史》聲稱可揭開

查士丁尼的真面目，還一度稱他為惡魔。然而，我們確可相信當時的氣氛混亂，政府甚至連皇宮門階的各派人馬都無法控制。但這就是查士丁尼對國家所做的事，也是樸洛柯庇斯宣稱人民所真正擔心的。

羅馬帝國晚期當然不比從前更溫和，若要說，似乎司法變得更殘酷了。可以說，這在一定程度上屬於一種修辭轉變，遭受懲罰的罪犯變少，但嚴厲程度增加以為警示。或許懲罰的修辭嚴重程度增加，有助彌補國家控制巴高迪和派系等邊緣團體的能力不足，但卻無法對這些進行量化。以較恐怖的方式來處決較少的人，是否代表政府變得較溫和？

清楚的是，法律確有改變。帝國早期的法律文化更多樣，皇帝敕令與當地習俗並列，轉變為一體適用的理想法律。建立一個更強大集權的國家，成為了額外的推力。將法律匯編為一個單一體，則符合羅馬末期政府的集權傾向。

新法律造就了一個階級化更鮮明的社會，富人所得更多，窮人的權力則被剝奪。這是個緩慢的過程，但結果是法律地位反映了個人社會地位，個人權力和刑罰也相應地發生變化。自西元二一二年來，卡拉卡拉皇帝將公民權賜予帝國所有自由人，公民身分就變得毫無價值。到了三世紀，人民在法律上也正式區分為「更高尚」（*honestiores*）的精英，和「更卑下」的人（*humiliores*字意為「更接近土地」）。這種分歧日益擴大，到了五世紀，甚至發展成「弱者」（*tenuiores*）和「強者」（*potentiores*）的差距。

造成的後果之一是絕大多數人都可能會遭受更嚴厲的懲罰。即使是當地地主，只要失職，例如提高稅收不彰，也可能面臨鞭刑。這代表從共和國和早期帝國以來的巨大轉變，當時羅馬公民不能被施以身體上的懲罰。即使確有更嚴厲的懲罰，例如將熔鉛倒入喉嚨，也很少執行，僅代表政府強烈的道德聲明。但帝國晚期則可看到大多數人生活在比從前更大的恐懼和更強烈的報復下。其他法律也將自由農民與他們登記的土地連結起來，整個家族變得像農奴一樣，永遠與土地連結在一起，以確保稅收穩定流入國庫。法律可能看似強大，但自由卻在倒退。

貪腐

另一個犯罪率明顯增加的領域，在於政府的貪腐。羅馬帝國晚期的貪汙惡名昭彰。一位公務員約翰（John Lydus）在他擔任初級官員的第一年薪資僅九金幣，但卻為民眾提供政府服務走後門，獲取滿滿上千金幣的額外費用。腐敗顯而易見，但情況複雜。有人認為，只要收斂在一定限度內，政府可對這種做法視而不見，原因很簡單，就是透過將費用轉移給使用者，來降低政府的成本，以及能負擔得起費用的人才能申請。羅馬帝國晚期，國家政府組織雖已擴大，但仍然相對較小，處理請願訴狀和其他業務的能力非常有限。政府必須傾聽一

些有力人士的說法，收費能有效確保他們在需要時享有服務，但其他大多數民眾卻只能送出請願書，並希望能得到答覆。政府確保人員定期流動，以限制官僚權力，並極大化能從政府獲益的官員數量。在共和國時期，「*ambitus*」意指選舉收賄；在帝國晚期，「*ambitus*」則變成儘量長時間地掌握公家職務，以獲取個人最大利益。

一般人對此有何看法？視為腐敗嗎？這種做法是否會降低國家的合法性？因為想要進入法院程序，重點在金錢而非案件的公正性。五世紀作家普里庫斯（Priscus）提供了一個有趣的例子，他曾肩負外交使命，造訪匈奴王阿提拉的宮庭，當時他遇見一位希臘商人，過去在戰爭中被捕獲，但後來選擇與蠻族一起生活。質問商人原因時，他一一列舉，其中幾個原因是關於一般人在帝國中可能碰到的公平正義問題。商人抱怨稅收過高，法律不適用於所有人。犯罪者只要有錢有勢便能逃過法律制裁，但若是窮人則會受到懲罰——如果他們沒有因為訴訟程序太長而先死了。最糟糕的是，還必須支付官員費用才能進入法院訴訟程序，伸張正義（***11.2.407-510***）。普里庫斯的回答是，適當的法律程序需要時間，公平正義的伸張只能慢不能快。文中商人最終當然同意普里庫斯的說法，但故事仍然說明了人民所持有的保留態度。

另一份文獻則談到願意拋下一切、逃離羅馬帝國的人，他們寧願「忍受蠻族的不自由，也不要成為受到羅馬掠奪的納稅人」（Orosius *History* ***7.41***）。許多逃離的人成為帝國

境內的強盜。四、五世紀《論軍事事務》（*On Military Matters*）作者寫信給皇帝，提出各種改善帝國情勢的建議（作者很聰明，沒寫出自己的名字），並抱怨腐敗的行政總督：「原本預期從這些人獲得應有的補救措施，沒想到反而向人民收取不義之財，更加重了問題」，並警告稅收和不公正會逼迫窮人犯罪：

> 窮人被苦難所逼迫，開始進行各種犯罪，再也不尊重法律，再也沒有忠誠，犯罪是為了進行報復。窮人經常對帝國做出最嚴重的破壞，荒廢田地，爆發掠奪，破壞和平，激起仇恨。（**2.3; 4.1**）

其他還有抱怨官員徵的稅比規定的還要多。約二九八年，一位埃及農民向地區治安官提出訴願，文中抱怨：「法律再三強調，任何人都不應遭受壓迫或違法勒索……如今阿克特斯大膽非法勒索我三克黃金和八個銀幣……這無益於增加稅收，而是違反帝國法律，偷竊我的財產」（*P. Cair. Isid.* 65-7）。正如文中繼續說的：「如果傲慢者以這種方式取得成功，所有力量微薄的人都早已被摧毀」。皇帝們企圖進行各種努力來消除這種弊端。三三一年，君士坦丁下令：

官員應立即收手，若不停止，我要說，若經警告仍不停止，就要拿刀劍斬斷他們的手。不應販售進入總督法庭的權利，入門通道不應用買的……總督應平等對待窮人和富人，保持傾聽管道暢通。（*Theodosian Code* **1.16.7**）

但實際上，皇帝需要官員收費賺錢，來降低國家的開銷，所以目標可能只會設法阻止官員收取過多費用。

帝國的法律不斷提及官員濫權，向在他們之下的人民勒索錢財。查士丁尼時期曾有法律是關於守夜治安官僱用各種罪犯，並對他們的活動視而不見，推測大約是為了換取不義之財。如果能夠「厭惡和避免用這樣的人」，只用品性端正的人，和「金錢無法買通的」官員，那麼「就不會有小偷，被盜的錢財很容易被找到，犯罪者也會被逮捕」（*New Constitutions* **13.4**）。這些敕令中有很多一廂情願的想法。

顯然地，人民確實對國家的各種費用有一定程度的敵意，主要是因為這個系統容易被濫用，但人民對政府的整體期望也可能較低。由於不期望效率，若未能實現，便不會對系統失去信心。混亂的程度有時相當明顯。西元四〇九年的聖誕節，皇帝霍諾里烏斯（Honorius）下了一份敕令給禁衛軍統領，要處理一種叫「艾瑞拿」（eirenarchs）的小官。這種小官在各地巡邏，特別是東部省份，是獨立於中央政府，由各地方自行設置。霍諾里

烏斯設定了「艾瑞拿」的職責為「維護各省和平安寧，使各地區和睦協調」。同一天又發出敕令給同一個治安官，廢除了這個職位：「艾瑞拿的頭銜，打著維護各省和平安寧的偽裝，不能使各獨立地區和睦協調，應徹底廢除」（*Justinian Code* **10.77**, *Theodosian Code* **12.14.1**）。文獻或許確實有誤，可能是大法官辦公室同時處理，所以標上相同日期，因為其內容屬於相同主題。即便如此，皇帝的反應顯示，從強盜到蠻族，在羅馬政府的統治面臨更大威脅的同時，他認為廢除地區警察是個好主意，認為他們與維護法律和秩序互相違背。這顯示中央政府與當地地主之間的緊張關係，而地主仍被期望能執行當地政府的許多任務。國家一方面期望他們提高稅收和維持秩序，另一方面又不相信他們的做法，並把他們看成是「較卑下的人」。

取得進入法院的權利，必須仰賴金錢，在某種意義上比傳統的任人唯親更公平，但我們可能也會認為這種做法很腐敗。在帝國早期，搞定事情一直都得靠正確的關係。金錢至少讓凡是擁有錢的人能夠獲得所需的政府服務。在現實中，庇護制度仍是帝國晚期一個主要的力量，只是現下最重要的是要接觸帝國宮廷和中央官僚機構，這兩種權力形式經常發生衝突。四世紀演說家利班紐斯（Libanius）抱怨付錢給官員的村民，可享有總督的保護，免受當地議會元老的徵稅要求（*Oration* **47.7-8**）。

貨幣使用量的增加實際上顯示，庇護制度的性質同時也隨新政府的結構而改變。皇帝

的支持一直都是與當地權貴構成關係網，但在帝國晚期，重點在於與集權政府的關係。金錢代表與這個距離遙遠、不露面、轉動式官僚機構的最佳互動方式。所以新系統並不只是簡單地取代了之前的庇護制度，畢竟金錢並非是中立的交換媒介，而是社會經濟和政治秩序的代表。當某區地主和中央精英之間存在很大的地理距離和社會距離，金錢便是一種延續庇護制度運作的方式，使羅馬社會的富人能建立相互依賴的網路，即使相關人士之間沒有直接的個人關係，也能使所有人都受益。國家並沒有設法消除腐敗，反而開始規範其如何運作。

犯罪的基督徒

一個擴張的國家政府採納基督教信仰，這兩者的結合，或許改變的並非是犯罪本身，而是關於描述犯罪的修辭論述。這也表示基督教失去了從前激進的特色。與皇帝一鼻孔出氣使教會變得更富裕，帶來巨大的好處，例如大教堂的建設計畫，救濟貧困的增加。如今教會受人尊敬，有才華和野心的男人都想入教，從被壓迫者的地下宗教，搖身一變為富人的舒適窩。對許多平凡的基督徒來說，基督教簡直賣給了過去迫害它的國家。

有些基督徒強烈抵制新的君士坦丁正統教會。在北非，當地團體有許多人拒絕接受戴克里先皇帝迫害期間的叛教者重新回到教會，君士坦丁卻堅持要他們接受，因此這些人便脫

離正統教會，去建立自己的禮拜場所。很快地，大多數城鎮都變成有兩位主教，一位正統派，一位反叛派，後者又稱為多納圖派（Donatist）。君士坦丁皈依基督教後，經過幾年，由於少數基督教團體拒絕遵循官方路線，於是他發現自己處於威脅和迫害的乖張情況。最激進的多納圖主義者稱為「圍剿者」（Circumcellions），他們襲擊正統教會財產所有者，並釋放所有奴隸。由於圍剿者崇敬異教徒迫害時期的殉道者，以致於有一些人甚至闖入法院要求法官處決他們。

君士坦丁皈依基督教的另一個影響是，皇帝自己也捲入各種宗教糾紛。有一位名叫亞流（Arius）的埃及教士，認為三位一體是由不同位階的聖父、聖子及聖靈所構成，而且聖父必須高於聖子。許多人認為他的觀點有道理——父子關係是羅馬社會關係的基礎核心之一，上帝創造了耶穌之後，將祂從天堂送到地上，這表示聖父必定以某種方式先於聖子而存在。問題是，這所有一切都被打回異教多神論。對君士坦丁皇帝來說，他現在是整個帝國的唯一統治者，不接受這種分裂。他要自己的基督教帝國只有一位上帝，上帝唯一的代表就是皇帝自己。君士坦丁召集所有基督主教來解決這個問題，於是約兩百人湧入土耳其北部尼西亞，絞盡腦汁解決這件事。最終結果是皇帝本人想出了解決方案，當然不會是原本所設定的主教。大家一致認為，三位一體的三位都是「同本質」。但有三位主教拒絕同意，所以被逐出教會後流放。

皇帝介入神學問題，代表正統和異端的相關爭論已帶有政治色彩。異教徒可能會發現自己面臨法律懲罰，宗教不正確變成犯罪。隨著基督教廣泛成為人們的信仰，關於教義的爭論也愈演愈烈，敗者的政治後果很清楚。在一場最著名的爭論中，聖奧古斯丁以系統性努力，使佩拉糾（Pelagius）的激進教義被皇帝譴責為異端。

佩拉糾約於三五〇年代早期出生在布列塔尼，天主教神父耶柔米（St Jerome）描述他是「一個塞滿愛爾蘭燕麥粥的肥胖男人」，不甚恭維。他在羅馬提倡一種苦修形式的基督教。羅馬城在西元四一〇年被哥德人攻占後，人們對這些神學爭論變得更為堅持。羅馬人是因為罪和准許異端而受懲罰嗎？（同時間傳說異教徒的爭論卻是：因為帝國放棄了舊神而導致如此）。佩拉糾曾一度在非洲與奧古斯丁直接接觸，但兩人之間的教義截然不同。奧古斯丁支持在帝國保護下建設一座包容的教會，幫助懦弱的罪人獲得救贖；佩拉糾把努力的重擔直接放在個人身上，要求他們過著純潔的生活，不可擁有財富。他在《論財富》中表示，「財富的取得是來自不公義」「財富是邪惡的」（*On Riches 7.3; 5.1*）。佩拉糾認為，即使富人向窮人施捨，他們也只是歸還一部分原本從窮人那裡榨取的大筆財富。「這真的是他們自己的財富嗎？」他質疑，把財富當成是被「皇帝和總督僕人們的暴力所攫取，透過官方權力掠奪而來」（Jerome *Commentary on Ezechial 6.8*）。

奧古斯丁覺察到這種激進訊息的力量。在四一〇年代後一連串的宗教會議中，佩拉糾

被譴責為異端。但若無皇帝的支持，這種譴責就沒有力量。奧古斯丁拉攏其他正統派非洲主教，設法讓羅馬教宗支持他們的提案，據稱還送出八十匹純種馬賄賂朝廷。加上一些佩拉糾的支持者在羅馬街頭動亂，推波助瀾——對正統的威脅是一回事，威脅公共秩序又是另一回事。因此，西元四一八年，奧古斯丁譴責佩拉糾的異端邪說，亦譴責他煽動街頭叛亂。佩拉糾只好前去埃及，從此杳無音信。「案件終結（causa finita est）。」奧古斯丁評論道（*Sermon 131*）。

佩拉糾派的爭論基本上是非暴力的。其他教會的爭鬥則蔓延為大規模的街頭暴動。在四世紀後期，達瑪穌和烏信紐斯（Damasus and Ursinus）這兩位對手競爭教宗之位，雙方支持者在一連串血腥的抗議活動中發生衝突。異教徒歷史學家阿米阿努斯喜歡以這些野心基督徒取樂，欣見激烈的衝突和暴力。達瑪穌派最終雖獲勝，但卻是在他的支持者於西西紐斯（Sicinius）大教堂與對手打鬥、死了一百三十七人之後（*Histories 27.3.12-13*）。事發不久之前，在君士坦丁堡，馬希東尼烏斯主教強行推動亞流派議程，反抗其他更正統的競爭對手。我們在前面讀過，皇帝君士坦提烏斯二世進入羅馬時傾向亞流派，這更加鼓舞了馬希東尼烏斯的支持者。他奪取了主教職位，並設法壓制任何反對派，用酷刑逼迫男女和孩童接受他的聖禮，並鞭打抗拒者。拒絕的婦女會被割去乳房，這是歷史學家蘇格拉底（Socrates Scholasticus）所說的一種折磨，「即使蠻族也前所未聞，卻是由自稱信仰基督教的人所

創」。馬希東尼烏斯派摧毀了勁敵的教會，主教甚至設法說服皇帝派遣部隊壓制某地正統派信徒（結果適得其反，當地人憑著一腔宗教熱誠，拿著農具反擊，殺死了大部分士兵）。最後，由於馬希東尼烏斯想要將君士坦丁一世的遺體搬到另一座教堂，失去了皇帝的支持。整件事造成大規模動亂，有眾多生命隕落，「教堂遍地血腥，水井裝滿了鮮血」。公共秩序再度引得帝國出手，馬希東尼烏斯被逐出教會（*History of the Church* **2.38**）。

基督徒不僅與自己人戰鬥，隨著基督教更加積極自我維護，異教也受到壓抑。神廟關閉，獻祭被禁。西元四世紀末在埃及亞歷山大港拆毀著名的塞拉比尤姆等神廟時，引起許多仍居住在這座城市異教信徒的猛烈反應，他們群起而攻，殺死許多基督徒，雙方受傷無數。（Socrates Scholasticus *History of the Church* **5.16**）當然，這些暴力事件並非常態，而是極端事件，這就是歷史學家認為值得記錄的原因。

大部分異教徒和基督徒都是和平共處的，但這幾個故事仍突顯了帝國晚期的宗教如何成為暴力、犯罪控訴和法律糾紛的周期性源頭。最重要的是，從前人們所不接受的宗教信仰和行為，如今卻經由爭論獲得了政治上的絕對重要性。

也許在帝國晚期與犯罪相關的最大改變，可用一種更加複雜精細的新型譬喻來形容。奧古斯丁在《懺悔錄》中講述了一個著名的故事，關於自己曾如何與朋友去偷梨子（*Confessions* **2.4-10**）。他說自己年輕時，經常和一群男孩一起出去玩，在馬路上競賽直到

深夜（***1.18.30; 2.8.16***）。他回憶，大家非常爭強好鬥，甚至為了獲勝而作弊。當奧古斯丁抓到有人作弊，便會與對方發生激烈爭吵，儘管他自己也並非清白。但奧古斯丁在運用這些譬喻時，具有更深度的神學目的。他質疑，隨著人們的成長，這些罪惡從無害的競賽，將轉變成國王和官員的行為。奧古斯丁對作弊的爭論，也顯示男孩們共同具有一種強烈的正義感，但卻遠遠不及理想的形象。每個男孩都希望別人能夠對自己誠實，並遵守共同的良好行為準則，不過由於現實中對高階地位的渴望，這代表他們對作弊已完全做好準備。然而基督徒仍需要保持這種正義感。

奧古斯丁強調，同儕壓力對他年少時光的虛擲有重要性。他告訴我們，他經常從父母的酒窖和餐桌上偷些小東西，以便與狐群狗黨交換。由於偷竊助長友情滋生，他愛上這種行為，不過若是為自己則不會這麼做。奧古斯丁的文字顯示，偷兒的形象在當時如何成為一種基督徒虛弱靈魂的象徵，面對地上的各種試煉，必須努力獲得救贖。偷梨子的全部意義只是無意義的破壞，因為他們根本不是想要吃水果，偷來不過是扔給豬吃。正如奧古斯丁所說，由於偷竊是被禁止的行為，「更讓我們開心滿足」。因此，在奧古斯丁看來，所有基督徒都需要上帝的指導和教誨，以使他們保持在誠實的正途上。人類天生具有內在弱點，易受誘惑誤入歧途，想要做有罪的事。如果沒有基督教會的協助，引導上帝的恩典，我們最終都將成為靈性罪犯。

不虔敬的羅馬

看著晚期羅馬皇帝們令人害怕的張揚形象時，人們很容易對他們聲稱在地上所建立的天堂抱持懷疑態度。其實皇帝自己的臣子也有能力加以批評，特別是當皇帝未能履行這些要求時。在這方面，帝國晚期並無任何改變。在稅收過高或糧食短缺時，一般大眾可能會對皇帝的形象發洩憤怒，其他情況下則樂於遵守。四世紀後期，在安提阿有一場稅收暴動，人群朝城市中四處懸掛的皇帝彩繪圖畫扔石頭，還對砸爛的畫像訕笑譏諷。接著他們推倒皇帝和皇后的雕像，拉著雕像遊街，「一如其他類似情況中，盛怒下群眾會做出的一切侮辱」（Sozomen *History of the Church* **7.23**）。

晚期帝國皇帝甚至比他們的前輩更熱衷於了解人民對他們的看法。有條法律規定，所有反對皇帝的人都是愚蠢、瘋狂、惡意或喝醉酒，但不應受到懲罰。皇帝想要聽的是「所有未經掩飾的細節」（*Theodosian Code* **9.4.1**）。四世紀皇帝蓋盧斯（Gallus）曾微服出巡，在安提阿的街道上詢問人民對皇帝的看法（Ammianus *Histories* **14.1.9**）。

正如阿米阿努斯所指出的，他認為君士坦提烏斯到達羅馬的張揚形象有些荒謬——一個扮成雕像的矮小男人，想要令人感受到皇帝的神聖。他所呈現的靜態、堅固和自負形象，

本身或許便是在象徵著晚期羅馬帝國。阿米阿努斯宣稱，人民一點也不想看到這樣的公開遊行場面。後來君士坦提烏斯去看羅馬競賽時，不得不忍受自己鋪張的笑話。事實上，他第一次看到競技廣場時非常驚訝，目不轉睛地看著那些令人眼花繚亂的裝飾。那便是君士坦提烏斯，一個受到羅馬帝國所敬畏景仰的鄉巴佬，而不是一個令人敬畏景仰的皇帝。

關於羅馬帝國晚期的情形，一直以來都是以吉朋所敘述的衰敗墮落為主導。在他看來，正是羅馬的無比偉大，導致了它最終的滅亡。我們能否擺脫這些先入為主的觀念，即羅馬帝國的崩潰，在某種程度上是不可避免的？後來的帝國，如不列顛帝國，便是拿晚期的羅馬帝國作為借鑑。羅馬的崩潰顯示出一個帝國失去其道德目標，以及政府陷入內部紛爭所發生的事。但現實情況要複雜得多。一方面，帝國東半部（一直是人口較多的繁榮地區）倖存了一千年，後來稱為拜占庭帝國，統治者自視為東羅馬人，是羅馬共和國的直系後裔。另一方面，晚期帝國信仰基督教，如果這代表一種道德上的改善，正如基督教文獻所擔保的，那麼為何上帝還允許基督教帝國崩潰呢？對羅馬帝國晚期而言，除了單純衰敗還有其他更多事——許多新藝術形式蓬勃發展、基督教會擴大了使命，以及第一次將所有羅馬法統整彙編，形成許多後來歐洲法律體系的基礎。建立一個中央法律體系，本身反映出皇帝與人民之間的距離增加。一種新的文字修辭方式，用來建立皇帝的超人特性、皇帝靠近上帝，以及他統治的正當性。至於處理犯罪的實際面，則消失在擴大的權力鴻溝和浮誇的雄辯中。如果我

們要判斷晚期羅馬帝國，必須將所有因素都納入考量。但有一件事是清楚的——所有變化中，人民如何理解他們與皇帝的關係，犯罪和犯罪形象始終為其核心。

Rome: Guilty or Not Guilty?

羅馬：有罪或無罪？

於是指控就來了：羅馬是個慣犯。羅馬充滿了犯罪，卻鮮少協助受害者得到平反補償。羅馬對不公義的看法，是控制帝國的職業傷害。我們已看見犯罪如何影響整個帝國廣大國土及悠久歷史中的所有社會階級人民。我們也已看見，即使身為法律系統領導、最高法官和羅馬法至高源頭的皇帝，行為舉止卻像個暴徒。財富無法用來防身。提比略皇帝缺錢時，他下令富有的連圖勒斯（Gnaeus Lentulus Augur）寫遺囑，把所有財產過給皇帝，然後迫使這個可憐人自殺（Suetonius *Tiberius* ***49***）。沒有人安全。

窮人的生活同樣危險。一張源自一八八年的埃及莎草紙，是由安德羅馬庫斯（Andromachus）送到當地羅馬總督的請願書，他身受鄰人暴力搶劫之害。紙上詳細說明

兩個鄰人兄弟如何侵入自己家中竊盜，並列出被盜物品，包括一件白色襯衫、斗篷、一把剪刀、一些啤酒，可能還有一些鹽（文字不清楚）（*P. Tebt.* **2.331**）。另一張請願書是五年後一個男人控訴自己的豬仔被偷，聲稱豬價為一百銀幣。事實上，這是豬仔一般價的五倍。顯然連受害者也想辦法行騙。

能夠怪罪他們嗎？如果成為犯罪受害者，我們知道該怎麼辦——打電話報警、找律師、上法院等。但羅馬人的遭遇在很大程度上取決於社會地位，無論是公民或奴隸，男人或女人，無論貧富，大多數人能做的很少，他們除了向法院求助，還會找當地社團或宗教，或直接訴諸報復行動。

我們該如何評斷羅馬法？這肯定是一項非凡的成就，經過幾個世紀逐步建立，但主要倚賴受害者自己尋求正義和補償，而開銷成本和難度則大幅降低執行程度。直接面對面的請願方式，例如向當地總督請願，幾乎沒有成功的機會。一位總督於年度訪查埃及一個小鎮時，兩天內收到一八〇四份請願書，這表示什麼？獲得法律補救的難度，加上普遍的腐敗，表示法律鮮少能為絕大多數受害者伸張正義。但，即便羅馬法不能成功遏制犯罪，它仍然對犯罪的不可接受性，做出強力的象徵性聲明。

我們也看見羅馬法主要是關於私人相關事務，稱為民法，與平民相關，包括私有財產、商業合約和家族遺產。相反地，刑法則視違反整個社會的壞事為犯罪。違反刑法的人，

都將被提起公訴。如果定罪，將面臨懲罰，同樣由國家判決，或是罰款或是監禁。社會視定罪為恥辱，因此證明有罪的標準設定很高。大多盎格魯撒克遜國家所遵循的案件起訴程序，必須要有確切的證明。

民法則不同，牽涉的是個人和生意事務。如果有人同意以某種價格為別人提供服務，兩人間便產生一種合約，可以由法院強制執行。有時民法和刑法會重疊。所以，如果你酒駕撞到人，可能會面臨刑法起訴，另外還有車禍造成損害的民事賠償金。民事法的目的在於補償任何不法行為帶來負面影響。因此就合約一事來看，如果有人未能支付約定款項，民法便會確保支付正確的費用，可能還會對其他未付款所造成的負面影響，附帶一些補償。相較之下，刑法的目的則是懲罰不法行為者，這種懲罰目的是為了防範他人進行類似的罪行，同時改造犯罪人，不要再犯同樣的行為（也可能是為了滿足大眾對復仇的需求——傷害共同利益的人，應該受到某種公共報應）。

我們發現羅馬法幾乎完全都是民法。在《法學匯纂》可觀的五十大冊中（西元六世紀查士丁尼皇帝所蒐集的大量法律案件概要），只有一冊是關於刑法。換句話說，《法學匯纂》98%都屬於私人事務。這就像執法一樣，法律本身反映它所關注的是有產階級的根本事實，而較少關注牽涉國家或公共維度的違法行為。羅馬法律的主要目標不是建立和維持大眾公認可接受的社會行為標準，而是為了執行極其不平等和差異懸殊的社會階級制度。

這種對民法的強調有多重要？是否反映出帝國對影響絕大多數人民的罪行漠不關心？

羅馬刑法對罪行的構成也具有截然不同的看法。刑法主要是處理最令人髮指的罪行，冒犯和顛覆程度使國家感到有必要進行處理。叛國罪位居第一，懲罰是死刑，行刑後抹除犯罪者的所有紀錄。謀殺屬公訴，是否使用武器、毒藥或魔法，暴力行為程度，從暴動到性侵，都被視為犯罪。性侵犯會被處以極刑，綁架最高可判處死刑，取決於案件的嚴重程度。但刑法還涉及偽造等非暴力行為，特別是偽造遺囑。我們再度由此看見家族和財富世代傳承的的重要性。另外值得注意的是，法律特別提到，偽造遺囑的奴隸會被處死，原因在於主人常在死亡後釋放奴隸自由，因此法律認為，奴隸為了賦予自己自由，可能會將不屬於主人意志的非法條款放入主人遺囑中。

竊取國家的金錢財產屬於刑事犯罪，其中包括官員貪汙公款。同樣地，偷竊神廟也是犯罪，因為這會觸怒眾神，不利於整個社會。憑藉賄賂方式敗壞選舉的人，以及囤積糧食哄抬物價的詐欺者，都會受法律定罪。糧食是人們的生存必需品，在羅馬這種巨大城市中，有百萬居民仰賴船隻運送糧食，而船隻在地中海上冒險航行，這種生活必需品的供應一直是熱門的政治議題，法律所呈現出的是，會對一些可能操弄價格的人加以處置。

如果成功對一個羅馬人提起刑事訴訟，這個人便會名譽掃地（「恥辱罪」*infamia*），被降低法律地位，以反映個體對群體所造成的傷害。如果羅馬人想辦法贏得民事訴訟，便可

得到賠償，同時訴訟案件也會告一段落。在古羅馬，想要符合犯罪資格，罪行必須對社會產生廣泛後果。這表示許多我們視為不正當的行為，羅馬的處理方式都大不相同。大多數竊盜和攻擊被視為私人事務（一般稱為違法行為，大致相當於現今法律的民事侵權）。國家對個人的痛苦沒興趣。不過，羅馬法律不斷地發展，在帝國之下，政府愈加涉入各種公共和私人法律生活的領域，懲罰往往也變得愈加嚴厲。

羅馬政府的作為僅是提供解決民事糾紛的司法機制，政府對進一步行動沒興趣。即使在刑事案件中，司法系統也只是一個蒐羅個體的系統。今天是由公家機關預備提起刑事訴訟、進行審判，一旦成功起訴，人們就會接受對其有利的判決。但在羅馬，起訴是由官員或受害者自己提交法院。受害者面對嚴重犯罪時必須自行尋求補償，我們或許覺得這樣很奇怪，但在羅馬卻是正常的。

我們應在多大程度上採納現代犯罪的觀念，才能做出判斷？若要做出判斷，我們如何看待十九世紀的發展便非常重要。羅伯特・皮爾（Robert Peel）於一八二九年首先在倫敦建立起一支專業警察部隊，擔任防止及調查犯罪的工作。之後監獄系統擴大，重點移到犯罪分子的輔導而非懲罰，並建立新的犯罪科學來研究犯罪現象，了解導致犯罪的原因。大眾新聞業將犯罪轉變為具有新聞價值的商品，也創造了流行文學的一個新領域，出現有作家專攻令人震驚的神祕犯罪事件，以娛樂閱讀大眾。到十九世紀末，我們對犯罪的理解基礎已到位，

但羅馬人則完全缺少這一點。

這其中還存在著更微妙的差異，不太容易追溯特定歷史的創新。今日，刑事法律程序乃基於特定犯行的狹隘定義，刑案是由公職代理人進行調查，案件的證據需呈送法院，以決定犯罪是否屬實。相較之下，羅馬法中所列出的不法行為則很廣泛。前面說過，如此多類型的犯罪是否起訴，在很大程度上取決於個人，政府僅為解決爭端提供方式。證據的本質定義也有所不同。我們希望的是建立案件的事實，但對羅馬法官和陪審員來說，首要關注點之一是被告的道德品行——被告是否可能為犯下這種罪的人？

構成犯罪的究竟是什麼？可否得到結論？關於這些，我們必須超越羅馬刑法的狹隘定義。例如女性不適用於公共法，但若因此認為她們沒受到影響或未曾企圖犯罪，那就錯了。前面提過，犯罪是由大範圍各種違規行為所組成——行為違反法律，或違反普遍接受的規範、當地習俗、非正式協議或傳統。羅馬人自己並無字詞用以指稱犯罪。犯罪的字源來自兩個拉丁文，一個是「*crimen*」，意思是責備或控訴，另一個是「*cernere*」，意思是決定或判斷。換句話說，便是與公眾反對有關。但拉丁文還有其他各種指稱不法行為的字：*scelus*，*maleficium*，*facinus*，*nefas*，*peccatum*，*delictum*。各種不法行為可導致一連串反應，例如正式審判、私刑、八卦或遭神明天打雷劈的懲罰。

其次是關於證據可靠性的問題。前面說過，羅馬人愛好犯罪。竊盜、搶劫、性犯罪、

遺棄、謀殺、叛國罪等，都為羅馬歷史學家的作品平添色彩。然而，正如今日眾所周知，犯罪報導對任何實際犯罪行為模式並沒有任何簡單的見解。統計數據告訴我們，在現實世界中，犯罪次數與嚴重程度成反比。竊盜發生次數以百萬計，搶劫以千計，謀殺案以百計。然而對新聞報導來說，犯罪行為愈令人髮指愈好。古代作家也是如此。當古代作家描寫犯罪，文字中展現了他們對政治、社會和宗教信仰的偏見，且缺乏確鑿的證據。他們的文章經常是為了某些不可告人的目的而寫。羅馬歷史學家普遍對一般人的問題不感興趣——歷史太重要，無暇關注日常受害者。我們也讀過信件和小說等想像性質的文獻來源，描述各種法律糾紛，讓我們多少可以意識到羅馬人是如何看待法律，卻不必然會知道法律是如何實際運作。最後還有數百個官方行政文件、從羅馬埃及救出的莎草紙，告訴我們法律系統如何在特定的省運作。但與案件相關的文件通常都不完整，或是紙張有破損。但埃及是否能代表帝國其他部分？

羅馬人認為犯罪是由個人道德所解釋。羅馬人的文字敘述經常充斥著加油添醋的故事，以便向讀者傳遞適當的道德訊息，而非案件的事實。這種對犯罪者罪行的強調，也體現在政府的作為上。重點不在控訴的真實性，而是犯罪行為是否會構成整體社會的道德風險。像羅馬這樣崇尚傳統的社會，任何變革都可能會被解釋為道德崩潰的種子，犯罪只是微不足道的發端。

我們該如何面對這些證人？他們是否誇大了證據，給予我們羅馬街頭處處潛藏危險的印象？證詞是否反映出真實的恐懼？我們知道，對犯罪的焦慮，遠大於犯罪本身。但焦慮所帶來的影響究竟是什麼？對鄰人失去信心嗎？對陌生人恐懼嗎？或感覺國家的行為標準在下降？在性質上，這與其他日常擔憂是否不同？例如害怕被車子撞到。在羅馬，對犯罪的恐懼可能就像今日一樣常見。現代西方人最關心的犯罪，諸如性侵、闖空門和暴力等一長串清單，也同樣讓羅馬人擔憂，但擔憂的重點經常集中於社會地位和公開喪失顏面，以及公開報復的需求。而恐懼這樣的因素究竟有多重要？

對權力說真話永遠是個危險的舉動，羅馬帝國也不例外。人民必須小心，不能全盤接受皇帝和皇帝政權所說的一切，以避免對國家的意識形態照單全收。當我們在前面讀到酒吧因皇帝逝世而關閉，哀悼「遍布整座城市」，顯示出人民的悲痛」，我們很容易相信人民對皇帝抱持真感情（Tertullian *On Idolatry* **15**; Herodian *History of Empire since the Death of Marcus Aurelius* **4.2**）。這些悲痛的表現其實還「結合了節慶」，顯示人民仍然覺得能夠自我享受。皇帝利用祕密警察和偽裝，設法知道人民真正在想什麼，這也顯示人民的確能批評皇帝。但人民的熱情，又似乎與諺語——「對窮人來說，換個統治者就像換個主人一樣」（Phaedrus *Fables* **1.15**）——面對高階級所展現的頑強懷疑態度互相矛盾。

我們也在前面看過，在整個羅馬社會中運作兩個悖論。如果羅馬法律在威懾犯罪者或

保護多數公民上，有很大程度屬於無效，為何羅馬人還要致力投入如此多的時間和精力來使之完善，甚至兩千年後能為歐洲法律提供基礎？其次，即使統治者和官員經常捲入犯罪和腐敗，羅馬帝國為何依然能夠長治久安？我們可以得到一個結論——羅馬及其領導人的統治有時嚴謹，有時卻似無政府的混亂狀態。若為如此，我們必須質疑，維持帝國完整、使帝國成長、並維持「眾神的和平」，為歐洲大部分地區帶來和平與繁榮的，究竟是什麼？

我們該如何判斷一個與現代西方世界相比非常受限的羅馬政府？它沒興趣提供醫療保健、教育或普遍的社會安全救濟，但也沒人期望。它的存在主要是為了擊敗外敵，保持內部的秩序。以第一點來說，羅馬非常成功；但第二點，前面的證據清楚揭示了國家權力的局限性。官員不顧上級的法律，以現代標準來說，就是腐敗。因此皇帝的言辭主張與能夠實際做到之間，存有相當大的差距。在此工業革命前的時代，一個相對單純的社會，法律目的不僅是有效運作，而是要做為皇帝公正不阿的強力象徵，以使帝國居民認同統治者的合法性。即使大多數人民需面對廣泛的犯罪、伸張正義的希望渺茫，但「發展一體適用的法律保護傘」這個想法，也維繫著羅馬帝國。我們是否能認為大多數人民都認為這完全正常，也大致滿意於帝國所保持的安全程度？

我們不應將帝國居民看作完全支持或完全反對皇帝，而是會根據不同情況採取不同的對應方式。很多人都大致接受政權及其法律，特別是精英份子。他們基本上沒有理由去抵制

國家的目標，而且在很大程度上都能接受皇帝主張要實現的公平正義政府。但羅馬人也會對皇帝採取較功利的態度，例如麵包和競技場，人民可將此視為一場遊戲來玩，為自己爭取利益。同樣地，各省人民為調解糾紛，會直接向羅馬法院尋求法律手段，這不是因為人民基本上相信系統的正義，而是因為這是他們可以得到想要東西的方式。最後，不時還是會有人反抗帝國並抵制法律，或是積極起來對抗，或是設法逃離到法律及帝國不及之處。

從皇帝實施法律的情形，似乎看得出他們接受了這些限制，因此皇帝會交叉運用殘酷處罰和寬大赦免的辦法——赦免他們抓到最值得的罪犯，殘酷對待最惡劣的罪犯。皇帝本身既是賢良的統治者，也是邪惡的騙子，反映出帝國體系缺乏對行政權力的控制，也反映出帝國統治的兩個面向。皇帝想要一個井然有序、紀律嚴明的社會，由他率領，遵守法律。奧古斯都已證明了這一點，他在競技場中讓人民依照社會地位分配座位，並以公開行刑的殘暴懲罰方式，重申了這些社會的理想典範。但皇帝的權力便是可全權依照自己的意願，展現他們對羅馬社會的支配力量。

一般人對這些強大的獨裁者有多大的影響力？在一個故事中，一個女人趁哈德良皇帝經過時擋住去路，希望皇帝能傾聽她的訴願，但皇帝說自己太忙碌，她回答：「那你就不要做皇帝」。她大聲疾呼皇帝聲稱要建立公正賢明的政府，利用皇帝自己塑造的形象來對付他。不用說，皇帝後來便覺得有義務要傾聽女人的訴願（Dio *Roman History* ***69.6.3***）。這個

不同凡響的故事，是精英作家為了帝國制度的合法性所創造的軼事嗎？倘若故事反映的並非真實事件，一般人可以採取哪種策略，使系統的運作對自己有益？

至於我們，是否有資格評判？羅馬分裂的人格，也許是令我們如此著迷的主要原因之一，它反映出我們自己世界的矛盾傾向。一個得體的立場是，我們要讚賞羅馬的偉大成就，但當然也要（這一定是當然！）害怕他們的血腥競賽和對待奴隸的殘酷。但我們會這樣做嗎？一直以來，人們都以古代世界為各種幻想的載體。古代是個遙遠的地方，道德和性別觀的運作與現代完全不同，因此提供我們一條從目前世界中脫逃的路徑。一本頹廢和反英雄遁世派的書《逆流》（*A Rebours*），作者佩托尼奧在書中描寫最愛的小說是《愛情神話》（*Satyricon*），因為其中揭示了「人們瑣碎的生活，他們的遭遇、狂熱、激情」。羅馬精英階級令人眼花繚亂的奢華生活，可能會吸引一些人，如尼祿在金宮完工時的評論：「現在我可以開始像人一樣生活。」羅馬為現代世界的消費個人主義者提供了早期靈感，同時也可做為失控時會發生什麼的範例。

我們愛羅馬之處，也正是討厭之處。羅馬的古典建築物散發出溫暖的熟悉感，使我們想起許多現代公共建築物。它告訴我們，我們正在看著一個世界，那裡井井有條，有權威和穩定的政府。其他建築告訴我們，我們進入了一個科技進步的世界（令人感覺舒適熟悉），運用輸水道供應城市淡水，還有直達通道穿梭在鄉間，改善了交通。但我們知道這些發展是

有代價的。若無奴隸的力量，羅馬世界的運作便會有所不同。羅馬殘暴的高效軍隊，征服了數百萬人，他們被迫要默許羅馬的統治。羅馬不僅沒有對這些事實感到任何不安，還以雄偉的公開競賽和歡宴作為慶祝。在競技場觀賞角鬥士割破喉嚨，怎能取代征服的快樂？

基督教傳統習慣認為自己對改善羅馬世界的道德有所助益，但這種基督教傳統卻是由其本身所傳承的世界而塑造。例如，基督徒對保有奴隸方面沒有任何疑義。我們可能會想，現代世界已經變得更好，是因為奴隸制度在所有國家都是非法的，但根據估計，今天世界上約有三千萬奴隸人口，遠高於羅馬所擁有的數量。我們對這些罪行視而不見，就像羅馬人對輕微暴力行為一樣？

羅馬人可能會爭辯，想要維持現代西方生活方式，同樣需要極端的不平等。世界上有超過70％的人口，每天花費不到十美元，全球的半數財富掌握在前1％的人手中。全世界前八位最富有的人，財富相當於最貧窮的三十六億人，這種不平等程度，甚至比羅馬世界還要糟糕。西方社會的人，只是不想去看那些低成本生產商，他們的工廠蓋在遙遠的國家。對於帶來財富和悠閒，享受浴場和競賽的社會階級制度，至少羅馬人願意正視這個問題。我猜想羅馬人會覺得，他們的價值觀和我們在很多方面是相同的，同樣追求個人的成就和財富，不顧他人的利害。所有羅馬公民都認為自己有權獲得羅馬力量所帶來的好處，每個人都可能爬上社會高階。當然，沒幾個平民能成為百萬富翁，但今日也沒幾個最貧窮的人能成為億萬富

翁。羅馬人真的和我們不同嗎？

羅馬究竟是世界的殘暴罪犯，還是合法警察？是充滿混亂、犯罪肆虐社會的專制統治者，或以今日標準來看，是個做得很好的合法政府？我們能做出判決嗎？

Note

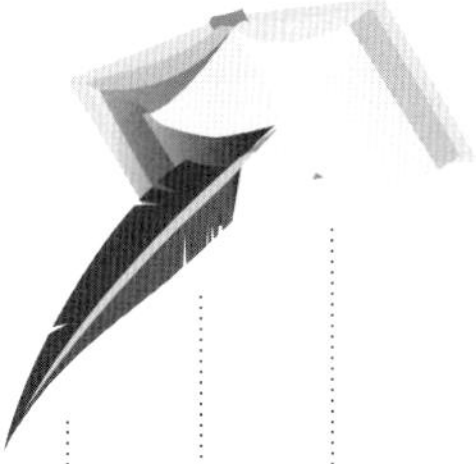

Story
16

國家圖書館出版品預行編目(CIP)資料

古羅馬惡行錄：從殘暴的君王到暴民與戰爭,駭人的古羅馬犯罪史 / 傑利・透納(Jerry Toner)著；筆鹿工作室譯. -- 初版. -- 新北市：智富, 2020.07 (Story；16)
譯自：Infamy : the crimes of ancient Rome
ISBN 978-986-96578-9-1(平裝)
1.古羅馬 2.犯罪 3.歷史

740.22 109006642

古羅馬惡行錄：
從殘暴的君王到暴民與戰爭,駭人的古羅馬犯罪史

作　　者　傑利・透納 (Jerry Toner)　　主　　編　楊鈺儀
審 訂 者　翁嘉聲　　責任編輯　李芸
譯　　者　筆鹿工作室　　封面設計　高瑋哲
出 版 者　智富出版有限公司
地　　址　（231）新北市新店區民生路19號5樓
電　　話　（02）2218-3277
傳　　真　（02）2218-3239（訂書專線）（02）2218-7539
劃撥帳號　19816716
戶　　名　智富出版有限公司　單次郵購總金額未滿500元（含），請加60元掛號費
世茂網站　www.coolbooks.com.tw
排版製版　辰皓國際出版製作有限公司
印　　刷　傳興彩色印刷有限公司
初版一刷　2020年7月
　　二刷　2020年10月

ISBN　978-986-96578-9-1
定　　價　420元

Printed in Taiwan

判決

羅馬：有罪或無罪？

目錄

古羅馬
INFAMY
惡行錄

從殘暴的君王到暴民與戰爭，駭人的古羅馬犯罪史

THE CRIMES OF ANCIENT ROME

《如何豢養一隻奴隸》傑利・透納 Jerry Toner——著

成功大學歷史學系專任教授 翁嘉聲——審訂、專文導讀 筆鹿工作室——譯